AF355746

JOURNAL DE VOYAGE

D'UN TROYEN

Fernand DORÉ

JOURNAL

DE

VOYAGE

D'UN TROYEN

EN EXTRÊME-ORIENT

ET

AUTOUR DU MONDE

TROYES

—

1900

PRÉFACE

A mon ami Fernand DORÉ,
à Troyes.

Tu m'as demandé, mon cher ami, de faire précéder ton récit de voyage de quelques lignes d'introduction. Je le fais d'autant plus volontiers que c'est en partie sur mes conseils que tu as fait ce tour du monde, et je suis heureux de cette occasion de te féliciter encore une fois de la détermination que tu as prise de te faire « globe trotter » et des premiers succès qui ont couronné cette entrée dans la carrière.

C'est un axiome devenu élémentaire en matière économique que l'on ne peut conquérir de nouveaux marchés qu'en allant sur les lieux se rendre compte des besoins du pays et tenter soi-même de nouer des relations. C'est ce que nos concurrents n'hésitent pas à faire, et tu as pu t'en rendre compte. Dans quelle proportion, hélas! étaient les Français parmi les voyageurs que tu as rencontrés? Nous comptons trop, nous autres, sur la réputation de nos produits; nous attendons chez nous la venue d'un client qui n'arrive plus guère, car aujourd'hui c'est lui qui reçoit la visite du fabricant. Quant nous consentons à entrer en rapports avec l'étranger, c'est par le système suranné de représentants pris sur place et qui trop souvent n'offrent que de médiocres garanties. Il faut le répéter, c'est en se déplaçant que les Anglais hier, les Allemand aujourd'hui, ont su faire connaître et apprécier leurs articles dans toutes les parties du monde. Tu l'as compris et tu as voulu les imiter. Tu as donné là aux commerçants et aux industriels troyens un exemple qui ne sera sûrement pas inutile. Encore quelques voyages, parmi nos compatriotes champenois, comme celui que tu viens de faire, et le courant sera créé.

Tu as écrit ton récit d'un style simple et sans prétention, reproduisant les notes prises sur place au courant de la plume. Tu lui as conservé ainsi la fraîcheur d'impressions et la sincérité qui constituent, dans un pareil ouvrage, les qualités tout à fait essentielles. Ce n'est pas une œuvre littéraire que tu as entendu soumettre à la critique. Tu as voulu montrer que le « Tour du Monde » qui était encore considéré par la génération précédente comme une entreprise d'une hardiesse extraordinaire ne présente plus aujourd'hui aucune difficulté ; tu as vu et raconté que partout on trouvait le confortable et bien souvent plus qu'en France, car il s'en faut que nous ayions le monopole des bons hôtels et des moyens de transport faciles et à bon marché. C'est donc un service que tu as rendu en apportant ce témoignage, et tu as ainsi mérité, non seulement les félicitations, mais encore les remerciements de tous ceux qui s'intéressent réellement au développement de notre commerce extérieur.

Ce qu'il fallait démontrer.

H. JULLEMIER,

Consul de France.

Paris, 7 janvier 1900.

JOURNAL DE VOYAGE D'UN TROYEN

EN EXTRÊME-ORIENT ET AUTOUR DU MONDE

Dimanche 30 Janvier 98.

Hôtel du Louvre et de la Paix,
Marseille.

A 3 heures de l'après-midi, l'omnibus entre dans le hall de l'hôtel, on charge les bagages et nous partons. Arrivés au débarcadère des Messageries maritimes, nous montons à bord de la *Ville de la Ciotat*. Les amis sont là pour accompagner les partants ; tout le monde circule, chacun se mettant en quête de son installation. J'ai la cabine de première n° 149. Je la trouve déjà occupée par ma valise, mais le deuxième lit n'a pas encore de titulaire. Si je pouvais être seul ! Cette cabine est relativement spacieuse : elle a la largeur d'un lit en long sous le hublot et la largeur d'un autre lit, plus une toilette. Mes amis Paul et Mad, qui vont à Saïgon, ont une cabine voisine de la mienne et plus confortable encore. Je vais voir leur installation. Je trouve Paul occupé à défaire ses sacs, prendre ses habits, encombrer tout ; il m'engage à en faire autant avant que quelque voyageur ne survienne, de façon que le nouvel arrivant, à cette vue, demande une autre cabine. Je vais suivre son conseil. Nous nous retrouvons ensuite sur le pont et visitons le bâtiment.

La salle à manger, qui peut contenir 120 personnes, est magnifique. Au-dessus de la table centrale, le plafond est à jour et une galerie forme le salon de musique où monte un bel escalier. Ce salon, garni d'un piano à queue de Gareau, est orné de jolies peintures genre Watteau. Nous visitons le salon des dames, blanc et bleu, genre Louis XVI, puis la salle de lecture avec une bibliothèque bien fournie à l'usage des passagers et deux tableaux assez réussis, représentant deux vues du port de Marseille. Tout cela est très propre, très luxueux et d'un fort bel aspect.

Mais l'heure du départ approche. Nous remontons sur le pont et voyons que l'on est occupé à charger la poste. Les sacs de dépêches sont apportés sur les épaules d'hommes qui se suivent en file indienne et il y en a toujours et toujours. Enfin voici la cloche du départ qui sonne. C'est

le moment des derniers adieux, moment
pénible pour ceux qui partent et pour
ceux qui accompagnent. On s'embrasse,
on s'étreint, les mouchoirs sortent, on se
dit encore quelques mots, pas moyen de
se quitter, on s'embrasse encore, enfin on
s'arrache en sanglotant ; cela fait peine à
voir. Il n'y a plus que les passagers à
bord, et les sacs de dépêches continuent
toujours à défiler sur les dos des porteurs.
Enfin les planches sont retirées, les
amarres sont amenées, le remorqueur
s'attèle à l'avant et on se demande comment cette coquille de noix va pouvoir
mettre en mouvement ce colosse. Cela se
décolle cependant peu à peu, on part, on
est parti !

Je me précipite à ma cabine, personne!
Je vais donc être seul. Quelle chance !

Nous passons entre les deux jetées
noires de monde ; des mouchoirs s'agitent de tous côtés ; on entend des cris,
des souhaits. Quelques tours d'hélice et
nous voilà en pleine mer. Nous devions
partir à quatre heures, il en est cinq
déjà, et après une station sur le pont. occupée à contempler le panorama de Marseille qui disparaît, nous descendons à la
salle à manger pour dîner. Nous nous
installons à une petite table de six, dans
un coin, car sous cette table passe un
courant d'air chaud où nous mettons nos
pieds pour nous réchauffer. Le maître

d'hôtel vient placer les passagers d'après une liste dressée par le commandant, et nous invite à prendre la place qui nous a été assignée. Mais Paul, qui a froid, ne veut pas quitter sa table, et le maître d'hôtel n'insiste pas. Sur notre désir, il nous donne comme vis-à-vis deux autres passagers qui vont à Saïgon, M. M.. , directeur de la Banque de l'Indo-Chine, et sa femme.

La salle à manger, éclairée par de nombreux globes électriques, a un aspect superbe. Il y a peu de toilettes, deux dames seulement sont décolletées, les deux voisines du commandant. En face de lui est le ministre de France au Japon qui retourne à son poste. Après le dîner, qui est passable, on nous sert du café très fort et très mauvais et nous allons au fumoir attendre le thé de neuf heures. Après quoi nous faisons un peu de musique. Les partitions du bord sont nombreuses : *Faust, Carmen, Lakmé*, etc. A onze heures, presque tout le monde est au lit.

Lundi 31 janvier.

A mon réveil, vers 7 h. 1[2, j'ouvre mon rideau et je vois, en face, la terre. C'est la Corse. Nous traversons le détroit de Bonifacio. Je monte sur le pont et un officier me montre les rochers sur lesquels, au retour de Crimée, la frégate la *Surveillante* s'est perdue corps et biens.

Les passagers arrivent peu à peu pour prendre leur premier déjeuner. A bord, une des principales occupations est de manger. Dès six heures du matin, on sert des œufs, du thé, du café. A dix heures, déjeuner copieux. A une heure, thé ou bière avec viande froide. A quatre heures, bouillon. A six heures, dîner très abondant. A neuf heures, thé. Les Anglais, pour lesquels surtout a été institué ce régime intensif, ne manquent aucune de ces séances et, entre temps, vont faire au fumoir des intermèdes agrémentés de nombreux alcools ; on s'y peut faire servir, en effet, toutes les consommations possibles, en payant comme au café.

La journée est occupée à des promenades sur le pont, à des parties de jacquet, à la musique. M. M... a un répertoire très varié de chansonnettes comiques. Paul et Mad jouent des valses à quatre mains. Quelques curieux paraissent, mais timidement. La glace n'est pas encore rompue entre les passagers : on s'observe, on se tâte, et il en sera ainsi jusqu'à Port-Saïd.

Mardi 1ᵉʳ février.

Jusqu'ici la mer a été d'huile, et le temps beau, mais froid. Ce matin, il pleut à verse. La brume nous empêche de voir les îles Lipari, groupe de petits rochers volcaniques dont quelques-uns n'ont pas plus de 10 à 12 habitants.

Nous passons le détroit de Messine et apercevons Reggio dont, à travers une éclaircie, nous distinguons parfaitement les maisons en amphithéâtre. Toute la côte est très accidentée, les villages semblent accrochés au haut des sommets, la verdure est rare, et l'aspect général est sauvage. En face la Sicile, c'est la Calabre, la patrie des brigands.

Pendant que je contemple la côte, un Hollandais qui se rend à Java me demande un renseignement, que je ne puis lui donner, lui avouant que c'est la première fois que je fais le trajet. Comme c'est la dixième fois qu'il fait lui-même cette route, il se trouve que c'est lui-même qui va me documenter. Il me confesse m'avoir pris pour un officier du bord, ce dont je ne me froisse pas, et s'en excuse.

Le temps est toujours brumeux et nous ne parvenons pas à distinguer l'Etna. Mais le vent se lève, et à 11 heures, quand nous nous mettons à table, le bateau commence à avoir un un petit mouvement de roulis. Mad, qui a exprimé le désir d'assister à une tempête pour éprouver si elle serait malade, va être servie à souhait.

En peu de temps, le mouvement devient si fort qu'on a peine à rester debout. Nous nous en apercevons quand nous voulons sortir de la salle à manger et gagner le fumoir. Le vent balaie le pont et promène les chaises qu'on est obligé de remiser. Une bonne vieille dame qui veut traverser, est projetée contre le bordage; je l'accroche par le bras et la conduis à l'escalier des cabines pendant qu'elle se confond en remerciements.

Je vais me mettre sur ma chaise longue qui se trouve près de celle d'un passager avec qui j'engage la conversation. C'est M. L...., magistrat à Nouméa. Il est surpris de voir un industriel français qui va se rendre compte par lui-même des articles demandés dans nos colonies : il n'a pas vu cela souvent et il m'en félicite. Il me parle d'une cotonnade imprimée à grandes fleurs de couleurs vives qui sert de vêtement aux indigènes de Taïti; c'est une maison anglaise qui la fournit, et cela malgré les droits énormes qui leur sont appliqués, tandis que les articles français ne paient que 4 0/0 *ad valorem*.

Il faudra examiner cela.

Pendant ce temps, la mer grossit toujours. On est obligé d'attacher les chaises

après le fumoir qui se trouve sur le pont.
Je sens la mienne qui glisse, puis file
avec moi dessus, comme un traineau sur
la glace, jusqu'au bordage. On me l'attache et je reprends ma place. Une vague
arrive qui couvre le pont d'un demi-pied
d'eau, ce qui nous fait lever les jambes
en l'air. Une autre plus forte fait entrer
l'eau dans le fumoir et entraîne les chaises vides dont l'une est lancée par dessus
bord dans la mer. A ce moment, le spectacle est magnifique... pour ceux qui ont
le cœur solide. Pour le thé de deux heures
on n'a pas eu le temps de fixer la vaisselle, car la tempête est venue trop vite,
et tout ce qui était servi, roule des tables
à terre dans un fracas énorme. Dans les
couloirs, qui sont très étroits, on se trouve
tout à coup aplati contre une paroi sans
pouvoir se décoller avant que le bateau
fasse son mouvement en sens inverse. Les
cabines ont un aspect lamentable : les
valises, les chaussures, tout ce qui est
sur le plancher, se promène d'une cloi-
son à l'autre, les lits qui sont en travers
du bâtiment, comme le mien, décrivent
un arc de cercle d'au moins un mètre;
l'eau entre par les hublots mal fermés et
mouille les lits. Je fais grâce des gémis-
sements des malades.

Voici le diner. Sur 90 personnes, 30 au
plus y assistent dont une demi-douzaine
de dames. On a mis les violons pour évi-

ter la casse. Les violons sont des espèces de chevalets de la largeur de la table, percés de trous dans lesquelles passent des ficelles tendues destinées à maintenir les assiettes, les verres, les bouteilles, etc. Les garçons font des prodiges d'équilibre pour apporter les plats et à certains moments ils sont inclinés comme s'ils voulaient faire des dehors sur la glace. De temps en temps le pain et les fourchettes vont faire une course à l'autre bout de la table, ce qui nous amuse.

Vers 10 heures la mer se calme un peu, mais les oscillations du bateau continuent, et mes vêtements pendus dans ma cabine me font l'effet de balanciers.

Mercredi, 2 février.

Le vent a beaucoup diminué, mais, à midi, en allant consulter le tableau des distances parcourues, nous constatons que le mauvais temps nous a retardés et que nous ne serons à Port-Saïd que demain soir très avant dans la nuit.

Jeudi 3 février.

Nous nous réveillons cette fois avec un soleil splendide et nous sommes heureux de voir que la *Ville de la Ciotat* marche à toute vapeur pour regagner le temps perdu. A la tombée de la nuit, on commence à mettre les housses sur les meubles, à calfeutrer par des toiles les ouvertures de la salle à manger. Dans les cabines, chacun renferme les vêtements clairs. C'est qu'on doit faire du charbon à Port-Saïd, opération peu agréable pendant laquelle tous les passagers quittent le bord. Nous en usons environ cent tonnes par jour, ce qui représente une dizaine de wagons.

Le beau temps a fait revenir tous les passagers sur le pont. Un fonctionnaire de Tahiti se met au piano, et joue *Faust*. Je chante le rôle, et quand arrive la réponse de Marguerite, je prends mon organe de contralto. L'acoustique est bonne, ma voix de cantatrice est claire et vibre fortement. Des passagers sont entrés au salon ; ceux qui sont dans la salle à manger à prendre le thé et ne peuvent voir le piano, se demandent quelle est la grande chanteuse ; les fenêtres se garnissent de têtes ; on rit, et il semble que la glace va se fondre entre les compagnons de voyage. Nous continuons par l'*Ave Maria* de Gounod, des polkas, des valses. Comme nous approchons de Port-Saïd, Mad joue une bamboula, et comme le piano à queue est ouvert, Paul frappe avec la main sur les cordes basses, ce qui produit un accompagnement tout à fait typique.

Peu à peu les lumières de Port-Saïd deviennent distinctes. Un petit vapeur nous amène un pilote pour entrer dans le port. Enfin nous ancrons et aussitôt nous sommes entourés d'une nuée de petites barques avec une lanterne à l'avant, où se démène une foule d'Arabes criant et hurlant.

L'escalier est descendu à tribord; il a 26 marches, ce qui représente un beau 1er étage au-dessus de l'eau, et cependant c'est ce pont qui, l'autre jour, était balayé par les vagues. Nous descendons, et c'est à qui, parmi les bateliers, se disputera l'honneur de nous conduire à terre. Il y a au plus 50 mètres du bateau au quai et il faut payer 60 centimes (6 pences) par tête; c'est le tarif écrit sur la lanterne. Nous prenons la grande rue de Port-Saïd en face du débarcadère. Il est minuit, mais tout est encore éclairé; dans ces pays on vit autant la nuit que le jour. Une foule d'Arabes nous assaillent, nous offrant des allumettes, des collerettes, des photographies, et même des ânes tout sellés pour la promenade.

Nous avons quatre heures à passer à Port-Saïd, et nous ne voulons pas rentrer au bateau avant le départ, pour éviter le charbon. Nous allons à l'Eldorado, croyant nous trouver dans un café chantant; mais nous tombons au milieu d'un bal. On nous explique que la salle a été

louée pour un bal de société, et, sur notre belle mine de voyageurs, le propriétaire décide le Président de la Société à
nous admettre, pensant sans doute que
nous ferions de la consommation. La
salle est vaste, carrée, haute ; une galerie
l'entoure en formant des loges ; à une extrémité est une scène spacieuse sur laquelle a pris place un orchestre composé
presque uniquement de dames. On danse
une valse au rythme très lent. Les messieurs sont en habit noir, très corrects,
quelques-uns en smokings. L'élément fé-
minin est en toilettes claires, en toile,
mousseline, voire en soie. C'est, en somme, le genre des bals de société de
Troyes. Tout le monde danse, jeunes et
vieux sans paraître incommodés par la
chaleur.

Vient alors le quadrille qui offre un
spectacle des plus intéressants. Tous les
couples forment un vaste carré, huit couples faisant face à huit couples dans un
sens ou dans l'autre. Cela ne fait donc
qu'un seul quadrille qui tient toute la
salle.

Un monsieur carré de taille et d'allure,
ayant une voix de rogomme, l'accent mar-
seillais, une cravate verte et une petite
sonnette à la main se place au centre. On
dirait un écuyer de cirque qui va présenter un cheval en liberté. Le quadrille
commence. Les couples de deux faces

s'avancent à la rencontre l'un de l'autre. Dès qu'ils sont sur le point de se joindre : « Arrierre ! » rugit l'écuyer, et quand ils sont retournés à leurs places : « Saluerre ! » Ce qui donne lieu à un balancer.

2e figure, avant deux ! L'écuyer indique que le mouvement sera fait par les messieurs d'une face et les dames de l'autre, et de temps en temps tonne : « Arrierre », « saluerre », « croiserre », etc.

3e figure. Les couples se donnent le bras et font la promenade autour de la salle : « Changerre ! » s'écrie la voix et les messieurs de se précipiter pour prendre le bras de la dame du couple précédent. « Demi-tourre » et c'est au tour des dames à « changerre ». Une fois tout le monde revenu en place, le cavalier prend sa dame par la main, lui fait faire un balancer, la salue, reste en place et rebalance la dame du cavalier de gauche. Les dames font aussi le tour de la salle en balançant avec chaque cavalier. C'est très gracieux. Ensuite les dames restent en place, et ce sont les cavaliers qui font le tour de la salle en balançant avec chaque dame. — A la figure suivante, les couples se promènent par quatre. On attend le « changerre ! » Les dames lèvent les bras pour permettre aux cavaliers de se dégager d'elles et ces derniers se précipitent en avant pour prendre les bras des deux dames qui les précèdent. La figure se termine par des ronds de 4. Ces deux ou trois figures sont fort jolies et on pourrait en composer une sorte de quadrille arabe beaucoup moins fatigant que le quadrille américain.

Nous rentrons à bord à 4 heures, après avoir fait quelques achats, et dix minutes après le bateau lève l'ancre. La plupart des passagers restent quelques instants sur le pont pour voir l'entrée du canal de Suez qui, éclairée à la lumière électrique, présente un très beau spectacle.

Vendredi, 4 février.

Nous sommes dans le canal. A droite une plaine de sable sans fin, et le long du bord un petit chemin de fer qui va jusqu'à Suez; à gauche une chaîne de montagnes dont un pic se distingue au loin. C'est le Sinaï. L'aspect général est triste et il va en être ainsi toute la journée. La vue n'a pour se reposer que les petites stations le long du chemin de fer, véritables oasis de verdure avec de coquettes petites constructions.

Nous passons à Ismaïlia, qui se trouve juste au milieu du canal, et nous traversons les immenses lacs Amers. Un magnifique coucher de soleil termine cette journée monotone.

Après dîner nous arrivons à Suez et nous stoppons après être sortis du canal pour permettre à notre pilote de descendre dans son petit vapeur et pour prendre quelques passagers, parmi lesquels M. B..., résident général en Annam. Ce dernier est un ami de Paul, qui me présente presque aussitôt : « M. F. D..., fabricant de bonneterie à Troyes ». — « Enchanté, Monsieur. Vous venez chez nous? » — « Oui, je vais voir ce qu'on peut y vendre ». — « Vous voulez fabriquer des articles d'exportation pour nous? » — « Oui. » — « Eh bien, c'est superbe et pas commun! Mes compliments! »

Samedi 5 février.

Est-ce la mer rouge qui exige l'étiquette? Pour le dîner on fait toilette, les messieurs en smocking pour la plupart. On cherche aussi à distraire les passagers. Un piano mécanique a été installé sur le pont, et on improvise une sauterie. Mais cet instrument donne des résultats médiocres et nous préférons avoir recours à l'obligeance de passagers qui jouent sur le piano du salon. A grand'peine nous parvenons à composer deux lanciers, puis on danse des valses et des polkas, et on va se rafraîchir, car il commence à faire chaud; à 9 heures du soir nous avions 22 degrés.

Ma journée a été en grande partie consacrée à développer les clichés des photographies que j'ai prises le long du canal de Suez, et à faire de l'anglais avec un jeune insulaire dont j'ai fait connaissance. Je lui donne des leçons de français et lui me donne des leçons d'anglais.

Dimanche 6 février.

Les passagers adoptent pour la plupart dès aujourd'hui le costume colonial. Mon Hollandais de Java apparaît d'abord avec un pantalon de toile blanche et un paletot forme dolman qui évite de mettre la chemise. Presque tout le monde à le casque dont il y a une variété de spécimens : j'ai eu soin de m'en acheter un à Port-Saïd. La tenue la plus originale, et la plus laide, est celle de deux anglais, un colonel des volontaires d'Australie, et son fils. C'est une petite veste blanche en toile, de la forme des vestes bleues de mécanicien, mais ouverte par devant avec revers; cela rappelle encore assez bien la petite veste de nos garçons de café : pas de gilet mais une ceinture en soie rouge que l'on voit passer en-dessous, par derrière. On dirait deux toreros en rupture de taureau.

La chaleur étant déjà très forte, 25 degrés, on passe la journée étendus sur des chaises longues, avec quelques intermèdes musicaux de mon professeur d'anglais qui nous chante quelques romances d'Outre-Manche.

La température me fait craindre pour le dîner où nous devons paraître en toilette, mais je suis agréablement surpris en trouvant dans la salle à manger une fraîcheur délicieuse. Huit ventilateurs (hélices à ailettes) fontionnent à la vitesse de 600 à 750 tours à la minute. Dans notre coin nous sommes obligés de fermer une porte et une fenêtre. Avec des boissons glacées, le repas devient très agréable. De même dans les cabines, on a pris toutes les précautions pour donner un peu de fraîcheur ; on a relevé le carré de métal au milieu duquel se trouve le hublot, ce qui fait de belles fenêtres carrées de 60 à 70 centimètres de côté, et on a posé les manches à air. Grâce à ces précautions, la température devient presque supportable et permet de dormir.

Lundi, 7 février

J'entends à mon réveil les matelots qui, pieds nus, lavent le pont à grande eau. Cela me tente ; je défais mes sandales, retrousse mon pantalon et me promène en barbottant. C'est une sensation délicieuse que je prolonge une bonne demi-heure. Désormais je me livrerai à cet exercice chaque matin ; avec la douche, ce sera mon meilleur remède contre la chaleur. Le bateau contient, en effet, 8 ou 10 cabines avec appareil à douches, et l'on peut prendre des bains à toute heure du jour. Tous les passagers commencent leur journée par une vigoureuse aspersion. A 6 heures, il fait déjà 25 degrés.

Malgré cela, deux Anglais ont imaginé d'organiser sur le navire une partie de cricket. Le pont supérieur n'est embarrassé au milieu que par la superstructure des machines, et de chaque côté il y a un promenoir de 3 m. 50 de large. Entre la toile qui sert de tente et le plancher, ces joueurs ingénieux ont tendu un filet de 45 mètres de long pour empêcher les balles de tomber à la mer. Un joueur se tient, armé d'une grande raquette en bois, devant trois sortes de quilles piquées dans un morceau également en bois qui forme pied. L'adversaire, placé à 35 mètres environ, doit, en lançant une boule, faire tomber les quilles, à quoi s'oppose l'homme à la raquette. C'est un exercice qui, par 28 degrés de chaleur à l'ombre, procure une violente suée. Je suis invité à entrer dans le jeu, et je m'en rends compte.

La salle à manger présente encore une

innovation : les ventilateurs ne suffisant plus, on y a installé des pankas. Imaginez de grands rectangles d'étoffes un peu épaisses, attachés à des montants en bois qui se trouvent tous reliés à une corde tirée, extérieurement à la salle à manger, par quatre individus qui, dans la circonstance, se trouvent être des nègres. A bord des navires qui font cette ligne, il y a toujours beaucoup de noirs, car on les emploie presque exclusivement pour les chaufferies des machines. Ces pankas sont donc des sortes de grands éventails.

Après diner on cherche à faire un lancier et on rassemble six couples ; mais sur ce nombre il y a quatre couples anglais. Il en résulte que pendant que les uns dansent le lancier français, d'autres se livrent aux fantaisies du lancier britannique. C'est une telle cacophonie qu'au bout de vingt minutes tout le monde y renonce.

Une autre distraction des passagers consiste à faire une poule sur la vitesse du bateau et le chemin parcouru dans les vingt-quatre heures. La poule est d'un franc par tête. On cherche ainsi à tuer les heures qui s'écoulent avec monotonie ; nous avons sept jours encore avant d'arriver à Colombo, sans toucher terre, sans autre vue que celle des rares navires qui passent, et des bandes de marsouins qui viennent jouer à l'avant du bateau. Il faut s'armer de résignation.

Mardi 8 février.

Les Anglais sont vraiment étonnants de sang-froid, de sans-gêne et d'esprit méthodique. Partout où on les rencontre, chez les autres aussi bien que chez eux, ils font leurs petites affaires en faisant abstraction complète d'autrui.

J'ai déjà raconté comment mes joueurs de cricket avaient accaparé toute une partie du pont pour organiser leur partie. Que de fois, dans le cours de ce voyage, j'aurai à constater leur sans-façon ! Mais au moins ils ne sont pas gênés par le respect humain, ni par la crainte du ridicule, dans leurs costumes et dans leur manière d'agir, et ils font bien et franchement ce qu'ils croient utile pour eux-mêmes.

Je faisais ces réflexions en voyant ce matin le colonel des volontaires d'Australie faire les cent pas sur la partie gauche du pont pendant que deux autres Anglais l'imitent sur la partie droite. Le colonel a un panama et une blouse veston en toile très légère, les pieds nus dans des savates. Il parcourt toute la longueur du pont réservé aux premières, soit 90 mètres, à grandes enjambées. C'est vraiment du sport, car au bout d'une heure de cette marche accélérée, la sueur lui coule le long des joues. Je calcule que, pendant ce temps, il aura fait environ 6 kil. 1ı2. Il faut du courage pour s'astreindre à cet exercice sur un bateau et par cette chaleur.

L'après-midi, j'ai fait la connaissance d'un passager qui va en Australie faire des achats de laine pour une maison de Roubaix. Il me raconte qu'il fait ce voyage pour la quatrième fois et me donne des renseignements intéressants sur le pays.

Pendant que je me promenais sur le pont, un Hollandais très correct, la boutonnière ornée d'une rosette violette, m'aborde et m'emmène à l'écart en me disant qu'il voudrait me demander un service. Volontiers. Il m'exhibe un volumineux manuscrit : c'est une sorte de rapport qu'il a fait en français, et il me lit deux ou trois phrases en me demandant si c'est bien écrit. Je lui indique quelques corrections et m'offre à reviser avec lui tout le travail. Il accepte avec joie et nous voilà installés dans la salle à manger, occupés à lire son ouvrage qui est une étude très documentée sur l'administration et la colonisation à Java. Cette occupation va me distraire et prendre une grande partie de mon temps jusqu'à la fin de la traversée. Qui m'eut dit qu'un jour je redresserais les fautes de français d'un fonctionnaire de Batavia ?

Mercredi 9 février.

Il y a un peu de roulis; beaucoup de passagers restent dans leurs cabines. Et puis la monotonie de la traversée se fait sentir : on est fatigué de la longueur du voyage et de la nourriture vraiment trop uniforme et trop peu soignée que nous sert le gargotier du bord. Il semble que tout le monde soit mal en train. Journée mélancolique.

Jeudi 10 février.

La journée se passe à travailler avec mon Hollandais; mais je m'aperçois que les corrections sont nombreuses, que l'ouvrage est très long et que la besogne ira forcément lentement. Le brave homme est heureux d'apprendre que je vais jusqu'à Singapour, ce qui nous donnera une semaine de plus pour collaborer.

Tous les compagnons de voyage à peu près me sont aujourd'hui connus, sauf un gros monsieur qui, depuis hier, exhibe un casque d'une blancheur immaculée et une tunique en coutil blanc, avec deux étoiles en or au col et des espèces de dessins soutachés en blanc sur sa poitrine, et six boutons par derrière aux simili-pans de sa tunique. Il cause à peu de monde et se renferme dans une réserve hautaine. On me dit que c'est l'administrateur des îles Sous-le-Vent. Quel titre ronflant! Il y a bien des notabilités à bord, le ministre de France au Japon, le gouverneur de Taïti, le résident général de l'Annam, le président du tribunal de Nouméa, le directeur de la Banque de l'Indo-Chine, des consuls, etc.; mais l'administrateur des îles Sous-le-Vent est le plus impressionnant. — Je dois citer encore trois personnes, deux messieurs et une dame, déjà âgés, qui se rendent au Tonkin, peut-être plus loin, disent-ils. C'est tout ce qu'on a pu tirer d'eux. Aussi ne sachant ce qu'ils vont faire aux colonies, on les appelle les trois augures.

Il n'est peut-être pas sans intérèt de donner une idée de l'importance que prennent, dans la vie de bord, les heures des repas.

Voici exactement le tableau de travail affiché à la salle à manger :

6 à 8 heures. — Déjeuner du matin (café au lait, chocolat, thé, beurre, rôties, biscuits).

9 à 11 heures. — Déjeûner à la carte (6 plats au choix), vin blanc ou rouge, bière française et anglaise, au choix des passagers ; café, cognac.

1 heure 1/2. — Lunch (vin ou bière, au choix).

4 heures. — Thé, gâteaux, biscuits.

6 heures 1/2. — Dîner, 4 à 6 plats, vin ou bière. Café.

9 heures. — Thé, biscuits, sirops, cognac.

Dans les intervales, l'après-midi, citronade à discrétion. On peut passer ainsi 6 à 7 heures à table par jour, et il y en a qui exécutent ce tour de force. Il est vrai que l'air de la mer excite l'appétit singulièrement.

Les journées des 11, 12 et 13 février se passent sans incident à travailler, faire de la musique et jouer au cricket avec les Anglais. Ce dernier jour on remarque une certaine animation : chacun fait ses malles. C'est, en effet, demain matin, de très bonne heure, que nous devons arriver à Colombo.

Lundi 14 février.

Au lever du soleil on distingue déjà la bande brumeuse qui indique la terre et le pic d'Adam qui émerge dans le ciel. Nous apercevons bientôt de petites voiles qui viennent à notre rencontre. Le genre de bateau du pays est très curieux. Il est étroit comme une périssoire, mais deux tiges un peu cintrées s'en détachent pour venir supporter un tronc d'arbre qui flotte ainsi à côté et parallèlement, comme une espèce de podoscape. Cette disposi-

tion bizarre donne au bateau une grande
stabilité, même par une forte mer. Le
bateau lui-même se compose d'un gros
tronc d'arbre après lequel on a cloué sur
sur les flancs deux planches. Une grande
voile carrée et souvent de couleur, princi-
palement rouge, termine cette embarcation peu coûteuse. J'imagine qu'une course de ces petits bâtiments, aux régates de
Barberey, révolutionnerait les Troyens.

Nous commençons à apercevoir Colombo, son port formé par une rade immense et la forêt de mâts des navires.
Nous passons près de deux bâtiments de
guerre allemands partis depuis six se-
maines pour la Chine et que des avaries
ont retenus plusieurs fois en route, au
désespoir sans doute de l'empereur Guil-
laume, mais à la joie des Anglais qui ne
tarissent pas de railleries ; puis deux
croiseurs russes, également en route vers
l'Extrême Orient. Nous accostons à côté
du *Melbourne* qui doit nous emmener ce
soir vers Singapour. Tout auprès est le
Laos qui vient de Chine et qui va emporter nos lettres. Le port est rempli d'une
multitude de jonques, de bateaux de
formes primitives et extraordinaires.
Tout cela grouille et donne un animation
dont on ne peut se faire une idée. Notons
encore une embarcation formée de trois
troncs d'arbres attachés l'un à l'autre, les
deux des flancs gros comme des poteaux

télégraphiques et un peu plus élevés que celui du milieu qui est plus large et tout à fait plat. Ces bateaux sont montés par quatre ou cinq indigènes, simplement vêtus d'un mouchoir autour des reins; ils se servent comme rames d'un gros bambou coupé en deux longitudinalement. Ils se tiennent à genoux, bien assis sur leurs talons. Arrivés près de nous, ils se mettent à crier : « A la marre ! à la marre ! » jusqu'à ce qu'on leur jette une pièce blanche. Aussitôt deux ou trois se précipitent à l'eau en plongeant, et celui qui a attrapé la pièce la met dans sa bouche pour recommencer à volonté. Parfois on leur montre la pièce avant de la jeter et on leur demande : « Ta ra ra boum ! » Et tous d'abandonner leur bambou, de se lever et de chanter la scie anglaise en faisant claquer leurs coudes sur le corps nu. C'est diabolique.

Mais nous sommes pressés d'aller à terre et de fouler le sol de cette merveilleuse île de Ceylan qui passe pour le paradis d'ici-bas. Un petit vapeur nous mène en quelques minutes à l'appontement. Nous sommes tout d'abord assaillis par des individus qui ont une sacoche au côté et qui nous crient : « Monsieur Capitaine, changer bonnes roupies! L'argent français n'a pas cours ici; il faut changer et recevoir 11 roupies 1/2 pour 20 francs.

L'aspect de Colombo est celui d'une

grande ville européenne du midi; les habitations seules, avec leurs terrasses et
leurs patios, ont un cachet particulier.
Mais les rues donnent bien l'impression
d'une cité et d'un port prospères. Nous
voyons là sur le vif ce que peuvent faire
les Anglais dans leurs colonies; mais
nous aurons bien d'autres surprises à cet
égard à Singapour et surtout à Hong-
Kong, et la comparaison entre l'animation de ces grandes places de commerce
et nos grands centres de l'Indo-Chine sera
malheureusement trop rarement à notre
avantage.

Les Cinghalais ou habitants de Ceylan
nous sont un peu connus depuis que des
barnums en ont amené une troupe à Paris au Jardin d'Acclimatation. Le type est
souvent fort beau; des traits réguliers,
des yeux intelligents, de grandes barbes,
de grands cheveux noirs retenus par un
peigne demi-circulaire en écaille, qui revient en avant et dont les extrémités forment comme les pointes de deux cornes.
Le haut du corps est d'une nuance bronzée superbe. Quant au vêtement, il consiste presque uniquement en un morceau
d'étoffe autour des reins.

Nous nous asseyons quelque temps sur
la terrasse de l'hôtel Oriental, où nous
saisissons les détails de la vie extérieure,
et où nous déjeûnons ma foi, fort bien;
je me rappelle surtout le beurre frais

dont nous nous sommes régalés. Pendant
la sieste, assis sur des chaises longues en
bambou, au milieu d'une foule d'Anglais
et d'Anglaises tous vêtus de blanc, ce qui,
entre parenthèses, est d'un fort joli effet,
nous sommes importunés par une proces-
sion sans fin d'indigènes qui viennent
nous offrir toutes sortes d'objets, princi-
palement de la bijouterie et des pierres
non montées. Inutile de dire que le mar-
chandage est ici féroce comme dans tous
les pays d'Orient : on offre en général le
dixième de ce que demande le marchand.

Mais il faut aussi voir un peu la cam-
pagne et contempler cette végétation
luxuriante qui est la grande beauté de
Ceylan. Nous prenons une voiture, sorte
de petite tapissière pouvant contenir
4 personnes, et traînée par un petit cheval gros comme un petit âne, qui va trotter deux heures sans paraître fatigué. Le
cocher indigène ne parle qu'anglais, et
ses explications obligeantes seront en
grande partie perdues pour nous, car
nous ne sommes pas encore très experts
dans cette langue et la prononciation indigène apporte une complication de plus
qui nuit à nos rapports. Nous faisons
le tour de Colombo et voyons la pagode,
le champ de courses, le club, les casernes. Mais, ce que nous admirons
surtout, c'est cette verdure magnifique
où toute la gamme de la couleur verte

est représentée, cette abondance de fleurs, cette fraîcheur, cette terre rouge sans poussière, ce soleil qui fait ressortir toutes les nuances. Quel repos pour les yeux et pour l'esprit qu'une telle promenade après quinze jours d'internement sur un bateau ! Sur la route nous croisons des quantités de bicyclettes et surtout de pousse-pousse traînés par des Indiens ruisselants de sueur dont quelques-uns parviennent à nous dépasser. Nous traversons le quartier indigène et le marché où grouille une foule étrangement bigarrée ; il y a là de belles cinghalaises vêtues d'un jupon et d'un corsage de coutil blanc décolleté en cœur et bordé d'une dentelle de 5 à 6 centimètres qui se détache sur leur peau bronzée ; quelques-unes tiennent à la main un petit mioche haut comme une botte, qui trottine à côté de sa mère. Ces enfants ont un costume composé uniquement d'une ficelle passée autour des reins, ce qui leur fait saillir le ventre et leur donne un aspect bedonnant. Je comprends que Paul n'exagérait rien quand il me disait que dans ce pays on pouvait habiller toute une famille avec une pelote de ficelle !

N'oublions pas les très originales voitures à bœufs, sortes de chariots bas, recouverts de joncs tressés : un ou deux petits bœufs les traînent et trottent aussi vite que nos chevaux.

Mais il est temps de retourner à bord
et d'aller nous installer sur le *Melbourne*.
Ah! ce n'est plus le confortable de la
Ville de la Ciotat. Le *Melbourne* est un
vieux bâtiment qui date de 1875 ; il n'a
qu'un seul pont, très encombré, où les
passsagers de deuxième classe ont également accès. Une seule bonne note à l'ac-
tif de ce bâtiment : la cuisine y est tout
à fait bonne. Mais c'est insuffisant.

Ma cabine est à babord, ce qui est pré-
férable pour aller en Chine, car on y a
moins de soleil. On me fait remarquer
que tous les passagers qui ont l'habitude
de ces voyages sont à babord ; la plupart
retiennent longtemps à l'avance leurs
places en spécifiant bien le côté qu'ils
désirent. En revanche je ne suis pas seul :
j'ai un camarade de cabine.

Mardi 15 février.

Le pont est envahi dès le matin par
une foule de religieux et de religieuses :
ce sont des missionnaires Portugais qui,
leur évêque en tête, se rendent à Macao,
en face Hong-Kong : et des religieuses de
même nationalité, robe marron, fichu et
bonnet de soie noire en forme de cabriolet.
Tous, hommes et femmes, passablement
sales et crasseux. Beaucoup de passagers,

plus ou moins superstitieux, n'aiment
pas voyager avec des prètres, sous prétexte
qu'ils provoquent les accidents. Mon Hollandais surtout ne décolère pas.

Avec tout ce monde la promenade est
presque impossible. Je demeure donc
toute la journée à lire, étendu sur ma
chaise longue, et à corriger l'ouvrage du
fonctionnaire de Java. Entre temps il me
vient une idée : si je passais jusqu'à
Batavia ? J'en fais part à mon homme qui
est transporté de joie et me donne toutes
sortes d'arguments pour me décider :
« Là-bas, dit-il, je pourrais vous être utile,
car je suis le maître. Venez, et vous ne
le regretterez pas. » En somme, Batavia
n'est qu'à 40 heures de Singapour, je ne
ferai jamais le voyage dans de meilleures
conditions, la tentation est trop forte, je
sens que j'y succomberai.

15 au 19 février.

La traversée continue avec la même
monotonie, sans le moindre incident. Le
17, la pluie se met à tomber, la mer grossit et le navire roule, ce qui nous prive
de la présence de beaucoup de dames. Le
18, nous distinguons les côtes de la pointe
d'Atchin, au nord de Sumatra. C'est ce
pays qui donne tant de fil à retordre aux
Hollandais, qui, malgré des sacrifices

énormes, ne peuvent arriver à dompter les peuplades sauvages qui l'habitent. Il faut y faire des expéditions continuelles qui coûtent fort cher, car il est établi qu'un soldat venu de Hollande coûte, au moment de son débarquement à Sumatra, 3,000 fr. Mais s'ils lâchaient pied, ils perdraient tout prestige vis-à-vis de leurs autres colonies, et ils risqueraient de voir les Anglais s'empresser de prendre leur place. Inutile de dire du reste que ce sont les négociants anglais de Singapour qui fournissent aux indigènes d'Atchin leurs armes et leurs munitions. Cette contrebande se fait sur une vaste échelle, malgré les bâtiments de guerre hollandais qui surveillent les côtes. La journée du 19 se passe en préparatifs pour ceux qui doivent quitter le bateau à Singapour. C'est là que je vais me séparer de mes amis Paul et Mad., mes compagnons de voyage depuis Marseille. Désormais je vais poursuivre ma route tout seul, sans être assuré de me trouver avec des compatriotes. Je n'y pense pas sans une certaine appréhension.

Dimanche 20 février.

Je me réveille à 5 heures, termine nos malles et, vers 7 heures, nous arrivons à Singapour. Nous allons nous ranger le long du wbaarf, un peu plus loin que le « Godavery », qui doit nous emmener à Batavia.

Au moment où nous approchons, nous voyons un Hollandais qui vient attendre sa jeune femme avec qui il est marié par procuration depuis quatre ans. C'est ce qu'on appelle *le mariage au gant*. Les Hollandais, gens pratiques, ont reconnu dans leurs lois le mariage à distance, par procuration. Le jeune homme, retenu aux colonies par ses occupations où sa pauvreté, n'a pas besoin de faire la traversée pour prendre femme. Il donne ses pouvoirs par devant notaire à un parent, à un ami et lui envoie un de ses gants. Ce parent ou cet ami épouse à sa place et accomplit toutes les formalités, sauf la plus délicate. La jeune fille peut alors aller rejoindre son fiancé sans crainte, elle a tous les avantages de l'épouse en cas d'accident mortel survenu à son époux pendant son long trajet.

La jeune femme, qu'on a nommée à bord la fiancée, l'a aperçu et tous deux agitent leurs mouchoirs. Lui, bon gros garçon à la figure réjouie, à l'air calme et tranquille, semble attendre avec placidité et agite posément, posément ; elle, ne tient plus en place, elle agite avec frénésie le petit morceau de toile blanche et elle saute, en même temps, comme à la corde, en précipitant la rapidité des sauts et l'agitation du mouchoir. Tout le monde la regarde en disant : elle ne pourra pas attendre que le bateau soit amarré, elle va sauter par dessus bord.

Il fait un soleil intense et tous ont revêtu le costume blanc. Au moment où nous accostons, nous apprenons que le *Godavery* ne partira que le samedi suivant.

Désappointement de ma part et colère des Hollandais; je vais dire au maître d'hôtel de ne pas faire descendre mes bagages.

Je vais au *Godavery* et trouve un officier qui me dit que le bateau est en réparation et ne pourra partir avant samedi, mais que sans doute un bateau hollandais partira mercredi. C'est un retard de trois jours qui me laissera juste le temps de voir ce que l'on peut faire à Singapour. Cela peut s'arranger.

Nous descendons à terre avec Paul et Mad et prenons une petite voiture à quatre places, fermée sur les quatre faces par des lames de persiennes. Quand le cheval trotte, et c'est sans arrêt, il y fait relativement frais.

Quel mouvement et quelle animation! Ici ce sont les Chinois qui sont en majorité.

Tout à l'heure nous les avons vu monter le charbon à un bâtiment. Deux par deux, ils portent un gros panier de char-

bon, qui doit bien peser 50 kilos, suspendu à une perche en bambou qui passe
sur leur épaule et ils trottent avec cela
et il y en a plusieurs files indiennes sans
discontinuité : on dirait une fourmillière
jaune qui va prendre le bâtiment d'assaut.

Chaque file passe devant un contrôleur
assis à l'abri d'une petite guérite qui, a
chaque voyage, donne une sapèque (petite
pièce de monnaie chinoise) au premier
des deux porteurs, celui-ci, sans ralentir
sa course, la prend en passant comme au
vol. C'est simple comme contrôle, les
hommes se trouvent payés et le nombre
de sapèques données indique la quantité
de sacs de 50 kilos chargés. Ça n'est pas
compliqué comme écritures.

C'est à Singapour où un vaisseau a le
plus tôt fini de faire son charbon. On vous
charge 10.000 tonnes en deux heures.

Nous allons vers la ville qui est assez
éloignée de ces docks de charbon. Il faut
20 minutes au trot de notre petit cheval.
Nous voyons des voitures comme les nôtres en quantité, et des pousse-pousse.
Les cochers sont, en général, Malais ou
Indiens ; aucun Chinois n'est cocher, tous
traînent ces pousse-pousse (des Ritchau).

Ils sont vraiment curieux ces hommes
jaunes, vêtus d'un simple petit caleçon de
bain en toile bleue, pieds nus et la plupart du temps tête nue ou un petit cône

en jonc sur le haut de la tête et leur
grande natte dans le dos qu'on a envie de
prendre pour s'en servir de guide, et tout
cela court sans arrêt, la sueur coule sur
leur dos, mais quelques-uns restent
secs.

Nous faisons le tour de la ville et allons au jardin zoologique. Le chemin est
ombragé des deux côtés par des arbres
immenses de toutes espèces et malgré le
soleil il fait assez frais. Nous arrivons au
jardin. Là nous mettons pied à terre car
les voitures n'entrent pas. Nous faisons
le tour et voyons au milieu quelques
cages avec de très beaux spécimens des
animaux du pays. Oiseaux, singes, tigres,
serpents, etc... Nous allons ensuite voir
la collection des orchidées qui sont sous
un grand hangar afin de les protéger du
soleil. Je constate même que j'ai été
volé à Port-Saïd, mon casque est lourd
mais il n'est pas assez épais du fond. Je
le sens à un commencement de mal de
tête, heureusement j'ai mon parapluie
que j'ouvre en guise d'ombrelle. Paul me
dit qu'il va falloir en acheter un autre
de suite en rentrant en ville, car le plus
grand ennemi là-bas est le soleil. Mal-
heur à l'imprudent qui ne prend pas les
précautions nécessaires pour s'en garantir !

Nous rentrons en ville et allons à l'hôtel de l'Europe ; là le docteur Hollandais

m'affirme qu'un bateau hollandais partira mercredi. Je fais donc chercher mes
bagages et demande une chambre. Il est
11 h. 1/2, nous voulons déjeuner, mais le
déjeuner se termine à 11 heures et le suivant (lunch) ne commence qu'à une heure
on refuse de nous servir. Nous allons à
un autre hôtel où nous obtenons même
refus. Et la faim commence à nous ti-
railler fortement. Comment même avec
de l'argent nous n'allons pas pouvoir
manger !

Enfin nous en trouvons un troisième
avec beaucoup de peine, nous obtenons
de nous faire servir. Nous déjeunons tant
bien que mal, servis avec une lenteur
désespérante par des Chinois.

Nous allons ensuite visiter quelques
magasins chinois; j'y vois beaucoup de
bonneterie japonaise et demande le prix
des gilets, chaussettes, etc. Les prix sont
très bas, mais la confection est bien mauvaise. C'est égal, cela tient sa place et je
me demande comment je vais faire des
affaires demain. Il y en a des masses de
magasins chinois, mais qui reconnaître
là-dedans ?

Nous retournons à l'hôtel, où il y a un
café et une terrasse couverte qui donne
sur la promenade de Singapour; à cette
heure, elle est un peu vide, nous retrouvons quelques passagers du *Melbourne*
qui se préparent à retourner à bord, et

j'y accompagne mon ami Paul et Mad en voiture. Je monte avec eux et nous attendons que la cloche du départ invite les accompagnants à se retirer. Je fais mes adieux à tous les passagers avec lesquels je me suis lié, puis je reviens près de Paul et Mad.

— Ça ne vous fait pas venir la larme à l'œil? me dit Mme B...

— Pas encore, mais peut-être tout à l'heure !

Et je sens qu'il faut que je fasse un effort très violent pour attendre ce tout à l'heure. Mais la cloche sonne, j'embrasse Mad et Paul à qui je vois aussi la larme sourdre a l'œil, il me fait encore deux ou trois recommandations, me reserre les mains avec force et je me sauve en courant sur le quai. Le pont-volant est enlevé et le bateau commence à exécuter un mouvement tournant sur lui-même pour prendre sa nouvelle direction. Cela dure encore de longues minutes ; de temps en temps Paul et Mad agitent la main, je fais de même, tout en éprouvant un véritable serrement de cœur. Pour un peu, je sauterais à la mer pour rejoindre le bateau avant qu'il n'ait pris son élan en emportant mes amis. Le *Melbourne* commence à se détacher du bord et à s'éloigner rapidement, alors nous tirons nos mouchoirs et tant que nous pouvons nous apercevoir, nous nous faisons des signes en agitant ces petits morceaux de toile blanche. Ce matin ils signifiaient joie intense du rapprochement; ce soir tristesse de la séparation. Il faut vraiment être passé par là pour comprendre l'insistance et la ténacité des gens qui viennent en accompagner d'autres et qui, tant qu'ils le peuvent se font des signaux de la main et du mouchoir. Je ne m'en moquerai pas maintenant.

Mais, cette fois, on ne s'aperçoit plus, je me retourne n'ayant autour de moi qu'une foule, grouillante de Chinois, Indiens, Malais, etc., tous à demi-nus, et par ci par là deux ou trois Européens, Anglais naturellement. C'est alors que je comprends mieux mon isolement. Tout seul au milieu de tout ce monde baroque et si loin des miens! La sensation première est vraiment pénible; mais je cherche à m'en dégager en pensant au but de mon voyage et à la joie que j'éprouverai si j'arrive à vaincre toutes les difficultés, en un mot si je réussis.

Je me me dirige dans la direction de la ville, sans vouloir écouter les sollicitations des cochers et des pousse-pousse. Je préfère marcher un peu pour faire une réaction. Je retrouve mon hôtel et fais connaissance, le soir même, avec un ou deux Français qui y prennent pension.

A 9 heures, un formidable coup de canon annonce la fermeture du port.

Le canon est anglais, comme tout ce qui est ici.

Ma chambre est dans une aile qui donne sur le jardin. Elle est au premier, du reste il n'y a qu'un étage. Toutes les chambres ouvrent sur une galerie en bois de trois mètres de large où on peut sortir sa chaise longue et prendre le frais le soir. Une porte double dont le tiers supérieur est garni de larges lames de persiennes s'ouvrant et se fermant *ad libitum* y donne accès.

C'est une vaste pièce blanchie à la chaux : 4 mètres de haut, 4 mètres de large et 10 mètres de long. Elle est séparée en deux par deux panneaux de bois sur pied, mais ces panneaux n'ont que 2 m. 50 de haut pour que l'air circule au-dessus ; dans la première pièce en entrant une table ovale en marbre blanc, au milieu, à droite, une chaise longue cannée en bois tourné ; à gauche, une chaise à bascule aussi cannée et en bois tourné. Dans la deuxième pièce, le lit entouré d'un moustiquaire très serré, une table de toilette près d'une fenêtre garnie de barreaux de bois, mais de carreaux point, des persiennes à larges lames ; a côté de cette fenêtre, une deuxième porte comme la première, moitié en lames, se ferme par une traverse en bois ; elle donne sur un deuxième balcon et un escalier vous mène dans une petite cour au fond de la-

quelle une série de petites cabines portent les mêmes numéros que les chambres. Ce sont les salles de bains.

Le sol est en ciment et un grand cu-
veau ovale est rempli d'eau. Cette eau
tombe d'une conduite qui est en l'air, par
un robinet des plus primitifs ; un petit
vase en fer blanc sert à puiser de l'eau
pour se la verser sur la tête. A côté de la
cuve un petit trône en bois au fond duquel un vase en fer blanc reçoit ce qu'on
ne peut faire l'un pour l'autre. Une chaise
en bois complète l'ameublement de cette
salle de bain.

Le lit de la chambre est en fer, un matelas sur des planches ; ce matelas, sans
enfoncer, n'est pas dur, il est garni d'un
seul drap, deux coussins pour la tête et
une espèce de traversin mis au milieu du
lit, dans le sens de la longueur. Ce traversin, qu'on appelle « la hollandaise »,
sert à maintenir soulevée une jambe
lorsqu'on est sur le côté et évite ainsi le
rapprochement des jambes, ce qui est
moins chaud. Mais pour se coucher, il
faut avoir ce que l'on appelle une « mauresque ». C'est une sorte de culotte en
étoffe très légère, sorte de flanelle de
coton, se nouant autour des reins par une
tresse, et une espèce de veste, comme un
caraco, en même étoffe.

Je me glisse sous mon moustiquaire
que je reborde aussitôt, car les mousti-

ques m'ont déjà donné leurs caresses sous forme d'énormes bouiiles, et je m'endors.

Boum ! Un formidable coup de canon. Je regarde ma montre, il est cinq heures. Je cherche à me rendormir, mais il fait déjà chaud. Je me lève donc à six heures et vais mc verser quelques vases d'eau sur la tête. En remontant, je vois un Chinois qui m'apporte, sans rien dire, un plateau où sont une petite tasse de café, une minuscule cruche de lait et un petit godet rempli de sucre en poudre un peu cristallisé (c'est le sucre dont on se sert colonies). Je prends ma tasse de café, m'habille et vais faire un tour pour essayer de me reconnaître dans la ville et voir où restent les clients que m'a indiqué M. Allain, de Paris. Je les trouve à peu près tous.

A 9 heures, premier déjeuner. Le repas est très chargé comme nombre de plats divers et toujours et toujours le carry (riz et assaisonnements variés). Comme boisson, j'ai adopté celle de mes voisins, eau et glace avec un peu de wisky dedans. Le wisky est un alcool de grains fait en Angleterre. Cela vous a un petit goût de fumée, mais on s'y habitue et c'est en somme la meilleure boisson pour les pays chauds.

On travaille ensuite ferme de 9 h. 1/2 à 1 heure,

A ce moment, nouveau déjeuner appelé
« tiffin ».

Ici, on ne fait pas la sieste ; on retourne au travail jusqu'à 5 heures environ. A ce moment, les parties de lawtennis, de foot-ball s'organisent sur les
pelouses magnifiques qui sont entre l'hôtel et la mer ; les voitures font le tour de
cette immense pelouse carrée, de 5 à
7 heures ; elles s'arrêtent de temps en
temps pour voir défiler les autres et l'on
voit là de fort beaux équipages. Il y a
des Chinois excessivement riches ici et il
faut voir leurs attelages. Leur costume
est toujours le même, sauf qu'ils ont un
engouement pour le chapeau melon en
feutre dur, et c'est comique de voir leur
natte qui pend de ce chapeau.

On me montre, dans un superbe équipage à deux chevaux, un richissime Chinois qui est atteint de la lèpre ; il a offert
100,000 dollars à qui le guérira.

J'ai commandé, chez un tailleur chinois, quatre costumes en toile blanche et
deux mauresques, le tout pour la somme
de 25 dollars, soit pour 60 francs de notre
or. (Six costumes complets que l'on me
fait sur mesure et qu'on me livrera demain soir.)

J'ai été avec M. M... qui mange à notre
table, voir son associé courtier-commissionnaire à qui je soumets mes échantillons. Je ne m'ennuie plus, je suis aux

affaires et pense que mon séjour à Singapour, ne sera pas inutile.

Vers 5 heures étant dans ma chambre, mon chinois est encore entré avec le même plateau du matin, mais la tasse un peu plus grande est surmontée d'un petit couvercle, comme à nos soupières, et contient du thé.

A 7 heures le dîner. Pendant le dîner, on parle de l'arrivée prochaine du prince Henri, dont nous avons vu les bateaux à Colombo, avec les deux russes ; et alors le coup inouï fait par les Anglais pour arrêter les Allemands et les Russes dans leur marche vers la Chine, m'est appris.

C'est vraiment incroyable, et cela ne peut qu'exciter l'admiration en faveur de ces jouteurs si remarquables. Pour arrêter les autres, sans qu'ils n'aient rien à dire, les Anglais ont simplement donné ordre à tous leurs agents de Port-Saïd à Hong-Kong, d'acheter le même jour tous les charbons disponibles sur le trajet.

Et voilà les vaisseaux Allemands et Russes bloqués à Colombo, sans charbon. N'est-ce pas génial cette façon de faire ! Ils ont fini par en trouver chez des marchands Indiens qui n'avaient pas vendu à Ceylan, mais au lieu de payer 15 dollars la tonne, ils l'ont payé 33 et ont subi un retard énorme. (Le dollar Mexicain en argent vaut au cours du jour, 2 fr. 47 c.)

Mardi, 22 février.

Cinq heures sont annoncées par le coup de canon quotidien.

Je vais avec M. M... chez des Chinois prendre des renseignements, acheter des échantillons et nous passons la journée à rassembler des documents pour des affaires dont il se chargera quand je lui aurai envoyé les types établis d'après ces notes.

Il n'y a pas d'autre façon de faire dans ces pays. Savoir exactement ce qui se demande, et le faire avec toutes sortes de petits détails de fabrication qui nous paraissent insignifiants, mais auxquels les indigènes attachent la plus grande importance.

Le soir, après dîner, je me trouve avec mes Hollandais qui viennent de prendre sept pousse-pousse pour aller promener; ils m'engagent à aller avec eux. J'en appelle un huitième et nous voilà partis au trot de ces huit hommes jaunes, qui parlent et rient entre eux tout en tirant leur voiture. Ils nous font faire un tour immense en ville, au travers de rues garnies de monde et sillonnées en tous sens de voitures et de pousse-pousse.

Chaque voiture ou pousse-pousse est garnie de deux lanternes; en outre, devant chaque échope chinoise, de grosses

lanternes en papier, grosses comme des
seaux, sont allumées et comme c'est encore la fête du jour de l'an chinois, tout le
long des rues des marchands de boissons,
des restaurateurs en plein vent font la cuisine. Nous en regardons un faire du ma-
caroni; il roule un bout de pâte entre ses
doigts et le lance dans une casserole sur
le feu, il ne s'arrête pas d'une minute,
c'est précis et mathématique comme une
horloge, toutes les demi-secondes un
morceau de pâte s'échappe de ses doigts
et vole tomber dans la casserole. Mais
nous voici devant un théâtre chinois;
nous nous arrêtons et entrons.

C'est une espèce de grange avec des
bancs en bois. Nous restons debout au
fond de la salle remplie de Chinois. La
scène est grande comme celle d'un café
chantant et formée par trois portants. Au
fond se trouve l'orchestre composé d'un
monsieur qui a des cymbales grandes
comme des roues de bicyclette et dont il
joue sans arrêter; à côté de lui, un autre
a un tam-tam en bronze (comme à la baraque « à la chaudière ») puis vient une
espèce de violon grinçant et faux et pour
compléter de temps en temps, une espèce
de musette criarde au possible; c'est tout
l'orchestre, mais c'est assez, c'est trop !
Au bout d'une demi-heure on doit être à
moitié fou. Pendant ce temps, des artistes entrent par la porte de droite, di-

sent des paroles avec une voix et des yeux furieux et sortent par la porte de gauche. Ils entrent, sortent, crient, gesticulent, se frappent et tout cela au milieu du bruit infernal de l'orchestre. Sauvons-nous, la tête nous bat !!

Notre cortège reprend sa course et nous nous arrêtons au théâtre malais.

Genre différent, chants et parlé.

L'orchestre dissimulé se compose d'un violon qui joue l'air chanté à moitié juste.

Les costumes sont riches, mais c'est rasant.

Nous restons un quart d'heure et nous nous sauvons.

De temps en temps le docteur trouve que nos centaures ne vont pas assez vite, il les interpelle en malais et les voilà partis dans une course désordonnée.

Je me cramponne en me disant « tout à l'heure, nous allons faire une de ces salades! » car ils veulent se dépasser l'un l'autre. Mais les dames n'ont pas peur et rient aux éclats; je vois même la grosse femme du docteur qui, trouvant que ce n'est pas assez vite, flanque des coups de pieds dans le bas du dos de son Chinois et lui de repartir au galop en tête de la colonne, et cela au milieu d'une foule comme sur le champ de foire.

Enfin, nous voici revenus à l'hôtel au bout de deux heures, pendant lesquelles nos deux hommes n'ont cessé de courir.

Le docteur dit : c'est un 1/2 dollar par tète ; l'un proteste, mais il lui flanque un grand coup de poing en lui disant des noms d'oiseaux en malais, et ils acceptent le règlement.

Jeudi 24 février.

Mon linge est rentré du blanchissage dans un bel état. Une chemise est perdue, la manche est complètement arrachée, le col aussi. J'enlève l'Indien qui me le rapporte et refuse de le payer. Plus je crie et tempête plus il se confond en salutations, le corps courbé en deux, une main sur la poitrine et l'autre à hauteur de son front. Enfin je lui donne moitié de ce que cela vaut et le met à la porte, malgré ses protestations.

Pendant notre déjeuner de 9 heures, 21 coups de canon annoncent l'arrivée du prince Henri. Je prends mon appareil photographique et vais avec M. B. chacun en pousse-pousse, voir l'arrivée. Nous croisons l'équipage du gouverneur qui ramène le prince. Je prends quelques clichés et en poursuivant notre promenade, nous arrivons au Deutschland. On charge le charbon et beaucoup de matelots sont accoudés aux bastingages.

Pendant que nous regardons, arrive M. S., Russe, qui fait des affaires avec tous les bâtiments de passage. Il va mon-

ter à bord et M. B. lui dit de demander
à l'officier de garde à la passerelle, s'il
veut que nous montions, ce qui nous est
accordé. Mais nous ne pouvons pas visiter
grand chose, car avec ce maudit charbon
tout le milieu du bateau est pris. Cela ne
nous fait pas une grande sensation, les
matelots Allemands ressemblent aux
autres matelots, ce n'est pas comme les
troupes à pied.

L'officier est très poli et très empressé.
Un matelot se précipite pour nous conduire et nous fait comprendre qu'il est né
en Alsace et a toujours conservé l'amour
de la France, mais il ne parle qu'allemand et ni l'un ni l'autre ne le connais-
sons. Nous quittons le bateau qui a amené le prince Henri et rentrons en ville.
L'après-midi je termine mon courrier et
à 5 heures, M. M... m'emmène dans sa
voiture faire un tour de ville. Belles
routes, bien douces et bien ombragées,
délicieuses pour les cyclistes qui sont
en grand nombre.

De jeunes Anglaises toutes seules pé-
dalent librement à cette heure où la chaleur est tombée.

Vendredi, 25 février.

Cinq heures, coup de canon. Je me lève à
six heures et vais prendre quelques pho-

tographies. Le fameux bateau hollandais
qui devait nous prendre d'abord le **mercredi,** ensuite le jeudi, n'est pas venu du
tout. Ce n'est donc que demain samedi
que nous partirons.

Samedi, 26 février.

Je termine mes préparatifs de départ,
fais charger mes bagagés et arrive au
Godavery; il est près de 9 heures.

J'ai comme cabine le n° 15 et suis seul.
Les derniers préparatifs se terminent, et
à 10 heures nous partons.

Nous descendons déjeuner, et je constate qu'il n'y a que mes six Hollandais,
un monsieur et moi, comme passagers.
C'est un petit bateau; la salle à manger
contient seulement 30 couverts. Nous déjeunons avec appétit, et après je travaille
encore une dizaine de pages à l'ouvrage
de M. F... A son tour, il commence à me
donner par écrit des renseignements sur
Java et je viens écrire mon journal.

Dimanche 27 février.

Nous sommes dans l'hémisphère Sud,
car nous avons passé la ligne de l'Equa-
teur.

Je trouve le docteur au café au lait, à

6 heures 1|4, et nous montons ensuite sur le pont. La mer est d'huile, on voit la terre des deux côtés, ou plutôt des lignes d'arbres qui ont l'air plantés dans l'eau. Puis je termine l'ouvrage sur Java, avec M. F..., qui me donne ensuite des leçons de malais, langue parlée par tous les indigènes de ces pays. Déjà à Singapour, il faut savoir le malais pour se faire comprendre par les boys à l'hôtel et par les Chinois. J'ai déjà appris quelques mots : « Cassi rôti » veut dire : donne-moi du pain, et non du rôti, etc.

Ces Hollandais sont étonnants, ils parlent presque tous cinq langues : français, anglais, allemand, malais et hollandais naturellement.

La mer est calme, le soleil est un peu caché par des nuages et nous allons arriver demain matin à Batavia.

Lundi 28 février.

A 7 heures, nous sommes sur le pont et commençons à apercevoir au-dessus des nuages le Ghèdé et le Salak, montagnes volcaniques de Java.

De tous côtés de petites iles vertes semblent surgir de l'eau. Bientôt après nous voyons la forêt de mâts des bateaux en rade de Priok, port de Batavia. Le docteur est allé se mettre en tenue, car il ne doit descendre à terre que harnaché dans son uniforme de drap. C'est là où l'on voit que les Anglais sont plus pratiques ; leur uniforme est fait en une espèce de toile nuance moutarde qui fait très bien au soleil. Les soldats ainsi habillés ne sont pas voyants de loin, comme cibles, pour les ennemis. Cette nuance ne paraît pas sale comme le blanc, elle est relevée par des boutons de métal et des bandes rouges, le costume n'est pas vilain. Les officiers ont, en outre, une écharpe rouge passée sur l'épaule qui fait très bien, tandis que ces pauvres Hollandais dans leur uniforme de drap, sanglé aux reins par une écharpe, sont obligés de supporter un climat encore plus pénible.

Pendant que je fais un cliché du docteur et de sa femme, nous accostons au quai. Tout le long de ce quai, d'immenses docks et entrepôts sont rangés à la suite l'un de l'autre.

Nous reconnaissons nos bagages et descendons.

Première station à la douane où on vous demande : « Avez-vous des armes, de la poudre et autres choses soumises aux droits ? » On me prie d'ouvrir ma caisse d'échantillons et je passe. Tout près de là se trouve la gare de Tand-Priok où il faut prendre un billet pour Batavia et faire enregistrer ses bagages, car Batavia qui était autrefois au bord de la mer, s'en trouve maintenant à plus d'une lieue et la nouvelle ville est encore plus éloignée.

Les wagons sont ouverts à tous les vents, il n'y fait pas trop chaud. Nous arrivons à Batavia après avoir traversé une végétation luxuriante.

Dans la cour de la station, une foule de voitures de toutes sortes. Je prends un sados (sorte de voiture à 2 roues où on est dos à dos avec le cocher) et me voilà parti.

Première station à l'Hôtel de Ville où je fais ma déclaration de séjour, faute de quoi je serais passible d'une amende de 3 florins par jour de retard; puis je reprends ma promenade dans le sados conduit par un Malais. On y est secoué dans ces sados; il faut se cramponner, car les chemins ne sont pas très bons et le petit cheval file au grand trot et souvent au galop.

Nous parcourons le campong chinois, car les chinois sont aussi à Batavia et y accaparent le commerce. Dans les rues commerçantes ce n'est qu'une suite de magasins ouverts à tous les vents, dans le genre des déballages et tout cela est bondé de marchandises.

Dans d'autres rues se voit une petite rivière dans le genre de la rue de Nervaux dans laquelle coule une eau jaune comme après un très fort orage et charriant toutes sortes de choses. Cela ne dégoute pas les chinois qui s'y lavent, s'y baignent et la boivent même; pouah!!! ce n'est pas étonnant que les fièvres s'y développent avec une grande rapidité. Après avoir circulé de ci, de là, je me fais conduire à l'hôtel des Indes. Cela commence par un immense jardin avec de grands arbres et des pelouses. A droite et à gauche une suite de bâtiments à un rez-de-chaussée seulement, clôturant cet immense carré et au milieu un bâtiment d'un étage, mais très élevé, formant le corps principal de l'hôtel où se trouvent l'immense salle à manger, le bureau et une très grande vérandah.

Devant ces petits bâtiments, une galerie de 3 mètres de large garantit de la pluie et du soleil. Toutes les chambres (il y en a 150) ont leur porte et leur fenêtre sur cette galerie; elles ont au moins 5 mètres de hauteur. Devant chaque chambre, sous la galerie, une table carrée en bois, un petit fauteuil canné et une chaise longue cannée; sur la table un plateau et un service à café. C'est là où, à 6 heures du matin, on vous apporte du café au lait que vous prenez allongé sur votre chaise longue en costume de nuit, c'est-à-dire le sarroug, sorte de culotte en toile imprimée et ne tenant aux reins que par une tresse, et une petite veste sans col, en toile blanche. Les trois quarts du temps

se passent ainsi allongé, chacun devant
sa chambre, c'est très drôle. Les dames
aussi ont le sarroug ; pour elles, c'est un
morceau de toile imprimé qu'elles se roulent autour des reins et qui descend à la
cheville, là-dessus une espéce de camisole
en toile blanche ouverte en pointe et garnie d'une dentelle ; pas de bas, des mu-
les. Elles viennent ainsi déjeuner à 8 h.
et à 1 h. Le soir seulement à 5 h. elles
s'habillent pour les visites qui ont lieu de
5 h. à 8 h. On dine ensuite à 8 h. 1ɪ2 ou
9 h. et voilà la vie à Batavia.

Mes bagages sont arrivés, je vais les
reconnaître, je les fais placer dans ma
chambre et vais causer avec un jeune
Hollandais qui va à Bornéo où il est directeur dans une mine de pétrole. Je reviens ensuite dans ma chambre et, en entrant, je vois sur ma table carrée, un serpent dont la queue est entourée après la
chaise voisine. Il ne bouge pas du tout, à
ce point que je me demande s'il n'est pas
en bois. Je l'examine : il a bien 1 mètre
de long, il est gros comme mon pouce et
a une tête excessivement petite. Deux ou
trois chambres plus loin est allongé un
avocat hollandais qui arrive à Batavia, je
l'appelle et lui demande s'il a dans sa
chambre un camarade semblable.

Il recule un peu stupéfait, mais le serpent commence à balancer sa tête et à sortir sa langue qu'il fait remuer vivement.

J'appelle alors un Malais (ce sont les domestiques). Spada! crie-t-on pour les appeler; il vient et ne sait comment l'intrus est entré.

Mon avocat lui demande s'il est dangereux; il dit bien que non, mais il n'ose s'approcher et va chercher un autre Malais avec un grand bâton qui tue le serpent. Du bout du bâton, il le pousse alors hors de la chambre, ce qui n'est pas sans émotionner mes voisins, car dans l'hôtel même le fait est assez rare.

M. F..., à qui je raconte la chose, vient le voir avec sa femme, ce qui n'est pas pour lui donner un grand goût pour ce pays où elle vient à contre-cœur.

Le docteur m'a présenté ce matin à un M. V..., représentant d'une maison de Bordeaux et pour qui j'ai aussi un mot du directeur de la Banque néerlandaise de Singapour.

A 1 heure on sert la table de riz, qui n'est autre que du carry, mais bien autrement compliqué. D'abord du riz cuit à l'eau, ensuite une sauce verte très pimentée, puis au moins trente variétés de choses (omelette au jambon haché, poulet, jambon, poisson, piment, etc.). Il faut s'y connaître pour se composer une mixture mangeable, ce à quoi, malgré les conseils de mon voisin, je n'arrive pas. Heureusement, il y a après du beefsteack aux pommes, je me rattrape.

C'est le moment de faire la sieste, mais je n'en veux pas, il me tarde de savoir si je pourrai faire des affaires. Je prends un sados et vais trouver M. V...; il me donne quelques adresses que je vais voir. Là aussi, c'est le même genre qu'à Singapour. Batavia est même énormément tributaire de cette ville d'où on fait venir tout ce dont on a besoin ; en faisant des affaires à Singapour, on en fait forcément avec Batavia. Je vois de suite qu'il n'y aura pas un grand intérêt à prolonger mon séjour dans l'île merveilleuse de Java au point de vue des affaires immédiates, et comme le climat est très pénible et que je tiens à terminer mon voyage rapidement, je reprendrai le premier bateau sans pousser jusqu'à Surabaïa comme j'en avais l'intention.

Je fais part de ma détermination à M. F... qui en est bien contrarié, d'autant qu'il me faudra repartir après-demain par le *Godavery*, qui m'a amené, sans quoi ce serait un retard de quinze jours. Il n'y a pas à hésiter.

La fameuse table de riz ne m'a pas réussi, car je suis pris, vers 7 heures du soir, d'une forte diarrhée. Je m'entoure de suite d'une bonne ceinture de flanelle et me couche de bonne heure. Malgré le moustiquaire, je suis fort piqué ; néanmoins, je dors assez bien sans penser à mon serpent.

Mardi 1ᵉʳ mars.

Je me lève à 6 heures et vais me promener avec mon appareil photographique; il fait déjà bien chaud.

Batavia ne ressemble à aucune autre ville. La nouvelle ville s'entend. Ce ne sont que villas au milieu d'immenses jardins. On ne voit pas de ville, on la cherche et on y est. Au milieu de ces grandes rues, un canal peu profond et charriant toujours cette eau jaune dans laquelle, du soir au matin, des hommes, des femmes et des enfants indigènes, se baignent où lavent du linge. A chaque escalier donnant accès à l'eau, deux ou trois femmes lavent du linge, le corps à moitié dans l'eau. C'est très curieux. Elles se défont de leur sarrouy mouillé et en remettent un autre d'une façon assez discrète.

Je vois une grosse maison où j'ai pris rendez-vous et je traite une affaire qui aura des suites si la livraison donne satisfaction. Je m'entends en outre avec M. X..., à qui j'enverrai des types faits sur les modèles que j'ai pris à Singapour et nous convenons de conditions de vente, paiements, expédition, etc.

Le soir, vers 5 heures, nous devons aller avec M. et Mme F... faire une grande promenade dans Batavia, mais comme très souvent et toujours à pareille heure, la pluie tombe avec violence, c'est un déluge et c'est le cas de dire : « Voilà la promenade à l'eau ». Alors, il faut rester sur sa chaise longue en attendant 8 h. 1/4 pour aller dîner. C'est mortel, cette attente.

La vie à Java est une vie de plante. Enfin l'heure du dîner sonne, nous nous retrouvons ensemble et il est 9 h. 1/2 quand nous sortons de table; comme le bateau repart demain, je dis adieu au docteur et à sa femme et vais causer avec M. F... Pendant le dîner, sa femme, qui parle peu le français, me fait comprendre combien elle est triste en pensant que je retourne vers l'Europe dont elle se sent exilée, demain elle va pleurer. Pauvre petite femme, son mari est aux petits soins pour elle, mais elle regrette son pays et se fera bien difficilement à la vie de Java.

M. F... propose une promenade à pied sur le trottoir en face l'hôtel et nous sortons comme nous sommes (tête nue). On sort beaucoup tête nue le soir à Batavia : il fait si doux, même après la pluie.

Comme je n'ai pas vu la Koningsplein, il veut absolument que j'y aille, aussi il appelle un sados et nous y montons tous trois; nous arrivons à la Koningsplein, sorte de place herbue, mais sans arbres, bien plus grande que le Champ-de-Mars. C'est pour former au milieu de la ville, un immense réservoir d'air pur. Une autre place du même genre, mais moins grande et au milieu de laquelle est un monument commémoratif de Waterloo, se trouve non loin de là.

Nous passons devant le théâtre, immense monument tout à jour et très beau où l'air circule de tous côtés. Il n'y a pas d'artistes, mais de temps en temps des troupes d'amateurs y jouent même l'opéra (Faust, Lackmé, etc.); nous circulons encore dans plusieurs rues, mais sans pouvoir se douter qu'on est dans une ville. De grands arbres sont de chaque côté et ce ne sont que des haies de verdure au travers desquelles on distingue une villa ici, là, etc., éclairée à l'électricité; dans la vérandah on aperçoit plusieurs personnes allongées sur leurs chaises longues (toujours!!!). Nous rentrons à l'hôtel et M. F. s'excuse, il aurait voulu me donner un souvenir à emporter, mon départ précipité ne lui en a pas donné le temps, il m'en enverra un. Je le prie de n'en rien faire et de m'adresser seulement, quand il en aura, quelques photographies qu'il fait très bien. Madame F. est rentrée dans la deuxième chambre et revient avec deux petits écrans en soie brodée qu'elle me prie d'offrir en souvenir d'elle à ma femme dont je lui ai montrée la photographie. Je prends congé de ces braves gens avec une véritable émotion de part et d'autre.

Mercredi 2 mars.

Levé à 5 h. 1/2, je boucle mes malles qu'on vient prendre à 6 heures. Je prends mon café allongé sur une chaise, à 7 h. je vais même déjeuner un peu, car à Batavia le café est à 6 heures et sans pain, de 7 heures à 8 h. 1/2 déjeuner sérieux composé d'œufs à la coque ou au plat, de jambon, viandes, fromage, fruits, de l'eau et une tasse de thé pour finir ; rien jusqu'à 1 heure où on sert le fameux riz. A 4 h. 1/2 tasse de thé sans pain ni gâteau et à 8 h. 1/4 diner ; les intervalles sont longs.

Il y a un détail de mœurs assez drôle et intrigant dans les colonies hollandaises. Dans les cabinets, très propres, point de papier, mais un alignement de 6 à 8 bouteilles d'eau sur l'un des côtés du siège. Les officiers de marine appellent cela le schampoing hollandais, ce n'est pas bien commode la première fois, mais on s'y fait.

Après avoir réglé ma note, il est 7 h. 1/2, je prends un sados et lui dit de me mener à la gare en passant par Koningsplein que je veux revoir de jour. Des soldats y font l'exercice. Nous arrivons à la station encombrée de voitures. Je prends mon billet et monte en wagon. Nous nous arrêtons au moins trois fois.

Nous arrivons à la gare de Priok. Je gagne le quai où se trouve le Godavery, je monte à bord et je retrouve tous les officiers surpris de me voir revenir si vite. Mais l'affluence est grande et il va falloir être deux dans ces petites cabines. Je vais trouver le commissaire et obtient d'avoir une cabine de 2me, mais à trois couchettes pour moi tout seul. Comme en outre elle est à tribord, j'aurai seulement le soleil du matin.

Je m'installe; il y a trente passagers de première, on a dû faire deux tables, celle du commandant et celle du commissaire. Je suis à la première, tout près du commandant, à côté de l'agent de Singapour qui revient d'un congé. Nous faisons un peu connaissance.

Après déjeuner, je veux aller faire la sieste, car je me sens un peu fatigué, mais il fait trop chaud et je ne puis dormir. Je remonte sur le pont et attend patiemment le dîner. Cette fois, il faut se mettre en noir. Le dîner se passe assez gaiement; j'ai pour voisin un Russe polonais très drôle, il parle mal le français et n'arrête pas de causer. Après dîner il me raconte ses affaires. C'est un ingénieur des mines qui vient de passer sept mois à Java à faire des recherches de mines d'or, il emporte des échantillons et va tâcher de fonder une société pour l'exploitation d'une mine.

En ce moment, à Java, tout le monde se porte sur les mines d'or ou de pétrole. Comme d'autre part le café a énormément baissé, les planteurs sont obligés de vendre leurs plantations n'ayant pas d'argent pour cultiver et n'en trouvant pas à emprunter même sur hypothèques.

Si j'étais resté plus longtemps à Java et si j'avais trouvé une plantation, j'aurais fait peut-être une association avec M. F... Mais il doit me tenir au courant si une occasion se présente. Il suffit de trouver une bonne plantation et un bon gérant. Je veux bien le faire, mais avec le concours de M. F... qui pourra en surveiller le rendement en intéressé. D'abord il n'y aurait qu'à nettoyer sans récolter, en attendant un relèvement des cours qui ne peut pas manquer de se produire d'ici un ou deux ans, alors on récolte et on obtient d'un coup un joli bénéfice.

Mon Russe me raconte aussi son séjour à Java et me tient ainsi jusqu'à onze heures. Je vais pour me coucher, mais ce n'est qu'à une heure que je parviens à m'endormir, tant il fait chaud. Je n'ai pourtant qu'une petite culotte et m'évente sur mon lit, le hublot tout grand grand ouvert.

Jeudi 3 mars.

Je me lève à 6 heures et vais à la douche, où il y a déjà foule, en raison des deux seules cabines.

Dans la journée, nous avons eu un ou deux nuages qui ont crevé sur le bateau, cela a un peu rafraîchi le temps et il fait moins chaud quand nous allons nous coucher.

Vendredi 4 mars.

Nous arrivons en vue de Singapour, mais comme nous sommes à marée basse, nous sommes obligés de faire le tour des îles pour arriver par le grand chenal. C'est très joli, toutes ces îles. Il y en a une où sont installées les casernes d'artillerie anglaises, de grands feux brûlent continullement pour débarrasser les versants des collines des arbres et végétations qui pourraient gêner la vue et masquer l'ennemi. Enfin, nous abordons au whaarf.

J'aperçois M. J..., tout surpris de me voir revenir si vite. Nous descendons et je prends une voiture pour emmener mes bagages vivement à l'hôtel, afin d'avoir une bonne chambre. J'arrive malgré cela, trop tard. Un Hollandais est encore au bureau et on ne lui promet une chambre que pour 8 heures du soir, moi on me dit que si je veux coucher à bord, j'en aurai une le lendemain à 8 heures. Cela ne m'arrange pas et j'en cause au Hollandais, dont j'ai fait la connaissance à bord; il m'offre de partager la sienne, ce que j'accepte. On mettra un lit pour la nuit. Me voilà tranquille et je vais me promener jusqu'au dîner.

Samedi 5 mars.

Mon obligeant voisin se lève à 6 heures puis va devant la chambre se mettre sur sa chaise longue, à la mode hollandaise, en sarrong et cabaïa, pieds nus. Il a des chaussures très jolies ; ce sont des semelles en bois avec une simple bride ouvragée et brodée. Cette bride passe bien plus bas que le cou de pied et une autre petite bride la maintient au bord du pied en passant entre le pouce et le premier doigt. Je me lève aussi et vais le rejoindre, nous causons. Des boys chinois circulent en portant le café. Mon voisin est arrivé à reconnaître le nôtre, ce qui n'est pas facile. Nous demandons le café plusieurs fois sans succès. A la fin, le voyant passer près de nous avec un plateau, trois tasses et beaucoup de tartines, il l'empoigne par le bras, prend le plateau et le pose devant nous. Le Chinois reste bouche bée, il baragouine je ne sais quoi : « Pigui per Satan ! (Va-t-en au diable !) avec une bonne bourrade et nous en voilà débarrassés. Nous déjeunons. Je vais au bureau réclamer ma chambre que je finis par avoir vers 8 heures 1/2.

A 4 heures, M. M… vient et me demande si je veux aller en voiture jusqu'au réservoir. C'est à trois ou quatre milles de là. J'accepte et nous voilà partis. Nous prenons une route différente de celle que j'ai déjà prise et nous arrivons au réservoir. C'est un immense lac où sont recueillis les eaux servant à l'alimentation de Singapour. C'est splendide. Au fond, le terrain est accidenté et couvert de bois et, du côté où nous sommes, un immense jardin anglais borde ce lac. Sur deux collines qui se font face sont bâties deux jolies villas. J'admire pendant quelques instants. Le temps est à l'orage et des nuages noirs sillonnés d'éclairs bornent l'horizon. Nous remontons en voiture et rentrons à Singapour avant l'orage.

Nous devons aller le lendemain passer la journée à Johore.

Dimanche, 6 Mars.

A 5 h. 1/2, M. M... vient me réveiller. Je m'habille et vais prendre le café chez lui à 6 heures. M. C... vient avec nous.

M. J... devait venir, mais un bateau des messageries arrive dans la journée et il faut qu'il soit présent pour le recevoir.

Johore est un petit état indépendant gouverné par un sultan ou radjah, sous la protection de l'Angleterre.

Ce petit état est dans la péninsule au bord de la mer, en face l'île de Singapour (car Singapour est situé sur une île). Il faut donc aller en voiture jusqu'au détroit (14 milles 1/2) et traverser le détroit qui a un mille environ. Les voitures de place ne peuvent pas faire le trajet, il faut prendre un laudau et envoyer la veille des chevaux de relais à moitié chemin, car l'aller et le retour, soit 29 milles (46 kilomètres environ) avec la température d'ici ce serait trop pénible pour les chevaux. Mais il y a un autre moyen de locomotion, c'est le ritchau (pousse-pousse). C'est à n'y pas croire si on ne l'a vu.

M. M... est à bicyclette, et M. C... et moi nous nous installons chacun dans un ritchau, et en route! voilà nos Chinois partis au trot; nous nous arrêtons un moment pour faire un ou deux clichés, montons deux petites côtes assez raides à pied et faisons une petite halte à moitié chemin.

Quand nous arrivons au détroit, je constate que nous avons mis 2 h. 1/2 pour faire nos 23 kilomètres, haltes comprises. C'est inouï.

Nous donnons 20 cens (9 sous 1/2) à nos hommes pour qu'ils puissent un peu se restaurer, car ils vont rester là à nous attendre pour nous ramener le soir.

Nous montons dans un sampan et traversons le détroit. Le soleil tape, il fait chaud. Des ritchaus sont aussi là qui attendent au débarcadère, mais nous allons à la Rest-House, hôtel-restaurant nouvellement installé et comme c'est à deux pas, nous y allons à pied. Il est 9 h. 1γ2, nous avons faim.

Nous trouvons un hôtel installé avec tout le confort désirable. Vérandah, salles de lecture et de billards, salle de bains, etc.

Nous nous mettons à table et on nous montre le Sultan, également à déjeûner avec cinq ou six radjahs. Ils sont en partie de chasse.

Nous déjeûnons au chablis (!!!) avec de la glace, mais elle est rare ici, car tout vient de Singapour. Le beurre d'Europe est sur la table, car par ici on n'en fait pas, le lait n'est pas assez gras et les vaches en donnent très peu.

Après déjeûner, nous allons visiter le

palais du Sultan. Comme MM. M. et C. le connaissent, ce dernier ayant été reçu chez lui pendant plusieurs jours à la Noël, on nous laisse aller partout.

Le salon et la salle de réception sont splendides. Un magnifique piano à queue en laqué blanc est au salon. M. M. nous joue deux ou trois morceaux qui attirent aux portes tous les domestiques Malais. Il y en a dans tous les coins du palais, de ces domestiques. Je joue mon petit air derrière mon dos, ce qui provoque leur stupéfaction. Nous visitons ensuite toutes les chambres. Celles à l'usage de gens mariés ont un lit d'une largeur énorme (au moins 3 mètres) et il fait bon et frais dans toutes les chambres.

Nous redescendons et allons à la maison de jeu, car il y a une maison de jeu : c'est cela qui procure le plus clair des ressources du sultan. La maison n'est pas très belle; au premier sont les salles; nous voyons une table assez bien garnie de gens qui jouent. On nous fait les honneurs d'une salle spéciale.

Nous sommes nous trois et le croupier (bon gros Chinois). Le matériel est simple : une table ronde couverte d'une toile blanche sur laquelle sont tracées des raies au crayon qui divisent cette table en quatre parties. Ces parties portent un numéro 1, 2, 3, 4. Vous mettez sur un de ces numéros, on tourne un petit cube de bronze au milieu de la table et le numéro en face duquel s'arrête une petite marque rouge que porte le cube, a gagné. On lui donne trois fois sa mise. On peut jouer aussi peu qu'on veut. Ces messieurs m'engagent à jouer petit jeu, ce qui rentre bien dans mon idée. Pendant que nous sommes là, la famille F..., de Batavia, entre dans notre petite salle et M. F... risque quelques dollars, il en gagne quelques uns. Nous quittons la salle et je constate que j'ai 14 dollars de bénéfice.

Je prends deux ou trois clichés; nous retournons à la Rest House prendre le tiffin, nous faisons une partie de billard, à la pyramide avec 15 boules qu'il faut mettre dans des bourses. Cela dure à peine une demi-heure, et coûte 1 dollar 25 la partie.

Nous montons à la salle de lecture où il y a un petit harmonium sur lequel M. M... s'accompagne en chantant. Mais voici 4 heures, le soleil est calmé, des nuages même se sont élevés et le tonnerre gronde. Il faut repasser le détroit avant l'orage.

Nous retrouvons notre passeur qui nous a attendus; il met sa voile, ce qui prend un certain temps et nous voilà partis, le vent n'est pas favorable et l'orage monte, pas d'abri dans ce bateau.

M. C. prend la barre et tient la voile et on fait ramer le chinois. Enfin nous arrivons à l'escalier de la jetée avec les premières gouttes; nous prenons notre course et sommes enfin à l'abri. La pluie tombe avec violence; M. M. donne sa machine à un omnibus qui fait le service pour les chinois et il appelle un ritchau. On relève la capote, on met le tablier qui vous arrive au cou (on ne voit que la tête de celui qui est dedans), et nous voilà partis. Le retour est plus pénible car la boue est collante, mais après une demi-heure, la pluie a cessé, on baisse les capotes, ce qui retient beaucoup, nos hommes sont un peu fatigués, ils vont doucement, enfin à 7 heures moins 1/4, nous entrons en ville, alors il semble qu'un coup de fouet les a cinglés, les voilà partis ventre à terre jusqu'à l'hôtel. On leur donne à chacun pour cette journée, 1 dollar 60 cents., soit 4 fr., et ils sont satisfaits.

Lundi 7 mars.

Dans la matinée, j'entends un coup de canon. C'est la malle française qui arrive, nous partirons donc ce soir. Je vais au bureau des messageries faire viser mon billet; Je reviens déjeûner, fais mes malles puis je vais les mener à bord. Le bateau est plein et je ne puis avoir de cabine seul. On me met avec avec un Monsieur qui accompagne M. F., ministre à Bankok, c'est M. M. qui doit servir d'interprète. La cabine est toute encombrée, je fais débarrasser ma partie et retourne dîner en ville avec MM. M. et C. Le bateau part à 9 h. 1/2 du soir et ils doivent m'accompagner, car un départ de bateau le soir, par un beau clair de lune, est toujours très imposant.

Chacun part de son côté et nous nous retrouvons tous à bord. On charge toujours le bateau qui a l'air cependant bien plein.

L'heure du départ arrive, la cloche sonne pour que les accompagnants quittent le bateau. Nous nous disons adieu. Cependant le bateau ne part pas ; on voit des allées et venues, qu'y a-t-il ? C'est la petite fille de Mme F... qui est allé dîner en ville avec l'institutrice et qui n'est pas rentrée. Comme il faut une demi heure de voiture pour aller a Singapour, on en est réduit à attendre ; le commandant s'impatiente, et bien que ce soit la fille d'un ministre, menace de partir d'ici une demi heure au plus tard, impossible d'aller jusqu'à la ville. Mme F... va avoir une attaque de nerfs, alors le commandant harcelé lui dit d'aller chercher sa fille, il attendra une heure.

Un groupe quitte le bateau et revient peu après ; l'enfant est retrouvée, nous allons pouvoir partir.

Mais il est près de 10 h. 1|2, ce qui fait

une heure de retard. On enlève le pont,
le bateau s'ébranle, des saluts s'échangent avec ceux du bord ; il fait un clair
de lune superbe, les mouchoirs et les chapeaux s'agitent une dernière fois et nous
sommes bien partis.

Mardi 8 mars.

Le bateau a la même disposition que la
« Ville-de-la-Ciotat », il s'appelle l' « Ernest-Simons ». Comme connaissances, j'ai
la famille F..., de Batavia, et un jeune
allemand qui était sur la « Ville-de-la-Ciotat », et est resté à Colombo pendant
quinze jours.

Comme nous n'avons que deux jours
à passer à bord, je ne chercherai pas
de relations nouvelles, d'autant plus
que la série des passagers n'est, paraît-il,
pas gaie.

Mercredi 9 mars.

Le bateau a bien marché, on nous dit
que nous arriverons ce soir à 8 heures à
Saïgon, alors tout le monde se met à ses
malles, car on doit laisser plusieurs
passagers.

A 2 heures, nous apercevons le phare
du cap Saint-Jacques et bientôt nous ar-

rivons près de ce cap où nous prenons le pilote qui doit nous faire remonter la rivière de Saïgon, car, pour atteindre cette ville, il faut remonter la rivière pendant quatre heures. C'est loin d'être au bord de la mer. Heureusement, nous avons la marée, sans quoi il nous faudrait attendre au lendemain. Cette rivière est très large et est bordée de bois des deux côtés ; les arbustes ne sont pas très élevés, et tous ces bois sont inondés par la marée. On dirait que l'on navigue entre les bois de sapins de la Champagne s'ils étaient inondés.

A part les deux ou trois hauteurs du cap Saint-Jacques, tout le reste est plat comme la main ; c'est donc très monotone et la rivière a des tournants très brusques.

A 5 heures 1/2, on se met à table pour diner, et, à 6 heures 1/2, nous apercevons les mâts des bateaux mouillés à Saïgon, le clocher de la cathédrale, etc...

Après une longue manœuvre, nous touchons enfin le whaarf sur lequel une cinquantaines de personnes toutes blanches attendent. C'est très drôle de voir tous ces gens tout en blanc ; nulle part ailleurs je n'ai vu pareille unité de costumes. Je distingue Paul qui me fait signe et bientôt nous nous serrons la main.

Il m'emmène en voiture ; nous passons à l'hôtel où il m'a retenu une chambre. Elle est dans l'annexe et n'est guère belle, mais c'est tout ce qu'il y a ce soir, nous verrons demain. Nous remontons en voiture pour aller chez M. H., et nous trouvons Mad. Paul n'a pas dîné ; au moment de se mettre à table, le coup de canon annonçant l'arrivée du bateau l'a fait accourir au wharf.

La maison de M. H., son associé, est très jolie et toute neuve ; en bas, une salle à manger communiquant avec un salon et des deux côtés une vérandah et le tout ouvert. Au premier, deux chambres à coucher avec cabinets de toilette, bains, douches, vérandah.

Paul dîne ; nous sommes éclairés à l'électricité et, au-dessus des quatre lampes électriques, deux grandes ailes en bois tournent sans arrêt, horizontalement, et font ainsi l'effet d'un courant d'air bien rafraîchissant.

Un joli jardin entoure la maison et au fond se trouve l'usine d'élévation des eaux et deux énormes réservoirs qu'on termine. Paul et Mad m'accompagnent jusqu'à l'hôtel et nous ne rencontrons que des hommes en blanc.

Nous passons près de la musique et cela surprend encore davantage, car les soldats eux-mêmes sont en blanc. Les quelques personnes que l'on rencontre avec des vêtements foncés, sont les passagers de l'*Ernest Simons* qui sont descendus à terre et ne repartiront qu'après demain matin.

Jeudi 10 mars.

Je prends une voiture (un malabar) **et** je vais au wharf ; je ramène mes bagages, la douane s'est contentée de ma déclaration.

J'ai obtenu une autre chambre, je m'y installe. L'après-midi je reçois des lettres et en les lisant, les larmes me montent aux yeux. Je ne croyais pas que ce pût être si émotionnant de lire une lettre des siens, quand on est si loin d'eux. Et cependant ici on se retrouve mieux chez soi. Ce qui me frappe le plus, c'est d'entendre les cloches de la cathédrale, car j'en suis proche.

Après déjeuner, pas moyen de sortir jusqu'à 3 heures.

Les magasins ferment de 11 heures à 2 h. 1ı2 pour la sieste, et pendant ce temps, impossible d'avoir quoique ce soit.

A l'hôtel, les garçons dorment comme pendant la nuit ; mais je n'ai pu encore faire la sieste, il fait trop chaud et on se réveille tout abruti.

Nous causons et lisons. J'envoie chercher une voiture vers 3 heures, mais pas moyen d'en trouver, je pars donc à pied à la Banque d'Indo-Chine pour voir M. M..., et avoir quelques renseignements. Il me donne les adresses des négociants que je vais voir avec sa recommandation.

Vendredi 11 mars.

Je vais voir les clients, prends des rendez-vous et la journée se passe sans rien d'extraordinaire.

Samedi 12 mars.

Je prends un ordre le matin et après déjeuner vais à Cholon, avec un jeune homme d'une grosse maison d'ici, voir des marchands chinois.

Cholon est à 6 kilomètres de Saïgon. C'est une ville tout à fait chinoise. Il n'y a pas plus de 40 à 50 Européens et la population dépasse 100,000. C'est par les marchands de Cholon que se fait tout le commerce de l'intérieur, et il y en a de ces marchands !

On y va par un petit chemin de fer qui traverse une grande plaine semée d'anciens tombeaux anamites. Ce sont de grands monuments où il entre beaucoup de pierres et il y en a des quantités.

Le soir, M. H... nous offre une loge au théâtre. On joue *Manon* ; cela ne doit pas être fameux, mais à titre de curiosité il faut y aller.

Le théâtre ressemble à une grande salle de concert, avec des loges de chaque côté et une galerie au-dessus.

Comme il est situé au milieu d'un jardin, toutes les portes sont ouvertes, même celles des loges et l'air circule librement. Le plus curieux est le coup d'œil. Tous les messieurs, et à part les loges ils sont en majorité, sont toujours en costume blanc, et, comme toutes les places sont garnies, cela forme un ensemble qu'on n'a jamais vu nulle part. Une salle remplie de gens en costumes blancs. C'est tellement saisissant que les chanteurs en sont tout impressionnés et chantent très mal les deux ou trois premières fois. A part la chanteuse, qui n'est pas mauvaise quoique avec peu de voix, le reste n'est pas fameux, mais il faut tenir compte que, par cette température, ce doit être très pénible de jouer. La saison va se terminer bientôt, car nous approchons des fortes chaleurs, qui ont déjà fait une apparition prématurée.

Nous avons 32° à l'ombre dans les maisons, mais c'est une chaleur humide, très lourde.

A côté du petit théâtre, on en construit un nouveau, très grand, qui coûtera 2 millions. Il y a autour une charpente en bambous qui forme un enchevêtrement incroyable.

Nous ne restons pas jusqu'à la fin de la pièce, cela nous suffit, à nous blasés encore fraîchement des théâtres de Paris. Nous disons au revoir à M. H... qui part à minuit par le bateau qui va au Cambodge, à Pnom-Penh; il arrivera lundi matin et restera peut-être 8, peut-être 15 jours. Je lui fais mes adieux à tout hasard, car peut-être, à son retour, je ne serai plus là.

Dimanche, 13 Mars.

Je me lève à 7 heures et me mets à mon journal. Nous devons nous retrouver à 10 h. 1/2 chez M. M... pour y prendre le cocktail; nous devons en outre y dîner ce soir. C'est un grand dîner où il doit y avoir au moins une dizaine de personnes. Je vais connaître ainsi la haute société de Saïgon.

Vers 10 heures, je me rends du côté de chez M. M...

La maison est très bien; des meubles de toutes sortes, chinois, japonais, etc... Un meuble bien agréable, dans ces pays chauds est une espèce de tabouret en bois noir avec dessus de marbre; ce n'est pas très élastique, mais c'est frais et apprécié, surtout par les personnes qui n'ont pas le sang à la tête.

La salle à manger ouvre en face la porte d'entrée du salon, mais tout communique par de grandes portes doubles où il n'y a que des tentures relevées. Il fait bon et frais. Mme M... nous fait un

cocktail de sa façon ; en voici la recette :
On met un verre à madère et de cognac par
personne, un verre à liqueur de maras-
quin, un demi-verre de gin, une cuiller
à café de bitter Augustura, une demi-
cuiller à café de sucre en poudre (toujours par personne), on met cela dans un
vase en nickel avec de la glace pilée et on
agite jusqu'à ce que le vase soit tout gi-
vré à l'extérieur. Alors on sert et on boit
de suite pour que cela ne réchauffe pas.
C'est très bon.

Saïgon est une très belle ville, aux rues
larges et droites, aux beaux magasins.
On ne s'y sent nullement dépaysé comme
à Singapour ou à Batavia. Là on se sen-
tait à mille lieues de chez soi.

Saïgon a bien l'aspect d'une ville française, de Marseille surtout. Cafés ouverts
jusqu'à une heure ou 2 du matin, magasins genre français ; tout cela donne de
l'animation.

Les villes anglaises, Singapoure par
exemple, ont de très belles constructions ;
les maisons de banque sont des palais, et
il y en a beaucoup ; de grosses maisons
de commerce anglaises sont aussi installées, mais tout cela ne donne pas de
mouvement et en outre pas de cafés,
donc le soir pas de lumières, pas de terrasses encombrées de tables bruyantes où
l'on peut soi-même aller s'asseoir. Il faut
rentrer à l'hôtel ou être reçu dans un club.

Les monuments de Saïgon sont le Palais du gouverneur général, très beau et immense bâtiment avec perrons, colonnades, etc., la Cathédrale, le Château d'Eau, le Palais de Justice, l'Hôtel des Postes, aussi monumental que celui de Paris, mais avec des employés complaisants.

Il y a aussi un jardin zoologique très important, de très beaux boulevards bordés de tamariniers.

Samedi 19 mars.

L'on me présente à un M. B..., entrepreneur à Hanoï, qui repart par le prochain bateau et sera ainsi mon compagnon de route. Comme tous ceux à qui je dis que je viens en Indo-Chine pour voir ce qui s'y vend et tacher de le produire, il en est très surpris, n'ayant encore jamais vu un industriel venir ainsi. Il me cite même le fait d'un représentant d'une maison de boutons de France à qui on indiquait une modification à apporter à la queue de ses boutons pour qu'ils soient adoptés par les indigènes et vendus par quantités énormes.

— Il faudrait modifier notre matériel, nous ne le pouvons pas !

A côté de cela, les Allemands, qui sont à la piste de tout ce qui peut plaire aux

6

indigènes, modifient leur matériel ou en créent un tout spécial au modèle désiré et ils enlèvent toutes les affaires.

Mercredi 23 mars.

Le bateau du Tonkin part demain matin, à cinq heures, je fais donc mes malles, vais retenir ma cabine à bord de la *Manche*, où j'irai coucher ce soir.

Je vais faire mes visites d'adieu chez toutes les personnes où j'ai été reçu et qui me semblent être de vieux amis déjà, et je me retrouve à dîner chez mes bons amis, Paul et Mad, qui ont invité quelques personnes pour fêter mon départ. M. A..., inspecteur des finances, notre ancien compagnon de route à bord de la *Ville-de-la-Ciotat*; M. B..., chef de bureau du gouvernement général; M. M..., directeur général de la Banque de l'Indo-Chine, et Madame M..., qui ont été si charmants et aimables pour moi.

On parle de l'incendie immense qui a pris l'après-midi vers 3 heures, à Cholon, et dure encore. Quand le feu prend chez des Chinois, ils commencent tous par se sauver, et rien ne peut les ramener pour aider à l'éteindre. Ce sont les Européens et les Annamites (soldats, etc.), qui font le nécessaire. Paul y a mené sa pompe aussitôt avec ses coolies annamites et a contribué à arrêter l'incendie dans une rue, mais le feu a pris dans deux autres rues encore, et des deux côtés où il n'y a que des magasins bourrés de marchandises souvent très combustibles.

Trois ou quatre cents Chinois s'étaient réfugiés sur un petit pont traversant l'Arroyo, d'où ils voyaient très bien et sans danger l'incendie; mais sous leur poids trop considérable le pont se brisa et tous furent précipités à l'eau où beaucoup se noyèrent.

Après dîner, je reste un peu à causer avec Paul et Mad; nous convenons des dispositions à prendre pour mes lettres qu'ils continueront à recevoir et à m'adresser, puis tous deux m'accompagnent à pied jusqu'au bas de la rue Catinat (la grande rue commerciale de Saïgon).

Nous nous faisons nos derniers adieux et je saute dans un pousse-pousse qui me mène au bateau. Il est 11 heures 1/2 on charge toujours, des bagages arrivent, des passagers, etc...

J'ai la couchette n° 1, j'y vais et je vois que je ne suis pas seul dans la cabine, où se trouve déjà une malle au nom de M. D..., chargé de mission à Haïphong.

Je me mets en mauresque et monte sur le pont, car il fait une chaleur de fournaise dans les cabines, je me plonge dans mon fauteuil en jonc et essaie de som-

meiller un peu. Je refais une tentative à
la cabine, mais impossible d'y tenir, ce
n'est guère qu'à 3 heures du matin qu'il
y fait un peu moins chaud et que j'y puis
rester

Jeudi 24 mars.

6 heures, le bateau siffle ; on entend le
dernier remue-ménage, les adieux ; nous
commençons à remuer, nous sommes
partis. Nous redescendons la rivière de
Saïgon, car nous sommes à 150 kilomètres de la mer; c'est aussi monotone
qu'à la montée.

Nous arrivons au cap Saint-Jacques au
moment du déjeuner. Je retrouve à bord
M. B..., l'entrepreneur d'Hanoï, ainsi
que le fils d'un grand négociant d'exportation, à qui je suis allé proposer mes produits et avec qui je dois entrer en
relations d'affaires.

Le bateau n'est pas bien grand, mais il
est assez confortable. La lecture, la conversation, la sieste et quelques parties de
manille ou de jacquet, sont toutes les
distractions.

Vendredi 25 mars.

La mer a remué un peu l'après-midi
d'hier et a fait manquer moitié des

dineurs; cela remue davantage avec ce petit bateau, mais nous nous rapprochons de terre, et le mouvement diminue.

Nous arrivons à Nhatrang, première escale. Baie superbe, entourée de collines assez élevées et couvertes de verdure, sans grands arbres; on croirait voir les côtes du sud de l'Italie. Des petits bateaux à voiles et la chaloupe à vapeur de la Compagnie viennent à nous, car nous venons de stopper en tirant un coup de canon. Quand on n'est pas prévenu, à bord d'un bateau, cela fait un rude effet.

M. B..., — un colosse, — nous dit, quelque temps après, qu'il était juste à ce moment aux water-closets, situés au-dessous du canon.

Il poussait.... Boum!!!... le canon part!... Il a cru que c'était lui qui venait d'éclater!

Je prends un cliché des barques avec, au fond, Kuang-Bé, petit village de pêcheurs situé sur une île en face de Nha-trang.

Il y a même, paraît-il, un colon sur cette île (un seul, un peu toqué, qui a rêvé de la coloniser et de fonder un casino pour les passagers des bateaux), il y au-rait du chômage!!!

Nous descendons une ou deux person-nes et quelques marchandises et repar-tons bientôt, en faisant le tour de l'île de Kuang-Bé. C'est à Nhatrang que le docteur Yersin a installé une fabrique de sérum contre la peste. Un de ses aides (vétérinaire) est monté à bord pour venir à Haïphong et de là dans l'intérieur où sévit la peste bovine. Il nous raconte un peu les bizarreries du docteur dont la maison est désignée sous le nom de Maison du Diable par les indigènes. Le soir, nous arrivons à Quinhone, autre escale où nous restons peu aussi, mais il fait nuit et le paysage manque de charme.

Samedi, 26 Mars.

Le temps est remis et le bateau ne remue presque plus. Il fait bien moins chaud et les vêtements de toile commencent à être légers le soir.

M. Pierre doit nous quitter aujourd'hui car il descend à Tourane, troisième et dernière escale. Je me dépêche de terminer un livre qu'il m'a prêté. Vers 4 heures, nous arrivons en vue de Tourane, nouveau coup de canon, nouvelle émotion !

Des voiles arrivent en masse au devant de nous. Ce sont des sampans montés par des indigènes hommes et femmes. Une grande voile en nattes, comme les enveloppes de sacs à riz ou café, les cordes en rotins et deux ou trois espèces d'avirons attachés au bordage. L'homme tient un aviron à l'arrière de son bateau, à l'avant la femme en tient un autre ; des enfants grouillent et montent sur le pont avec des corbeilles de fruits ou de poissons qu'ils cherchent à vendre.

Si c'est la femme qui monte à bord, un des gamins, haut comme une botte et n'ayant même pas de ficelle autour des reins, prend l'aviron et le maintient en attendant que la mère revienne, et tous ces bateaux sont en tas autour du nôtre ; les indigènes se glissent de l'un à l'autre sur notre pont avec leurs marchandises. C'est curieux de n'en pas voir tomber à l'eau. Au milieu du sampan, une natte en forme de bâche fait un petit abri et à l'arrière, une marmite est là sur le feu dans le fond du bateau et bout. Dans l'une, je distingue des œufs.

De l'autre côté de la Manche on charge des marchandises pour Haïphong et c'est encore intéressant à voir. Dans un sampan chargé de fûts vides, un coolie ne sait comment s'y prendre pour passer la corde autour de deux fûts ; il cherche, il tâtonne et n'y arrive pas. Agacé, le chef des coolies se laisse glisser le long d'un cordage, arrive près du coolie qu'il domine, lui envoie un coup de pied (nu) en pleine figure et lui montre à arranger ses fûts. L'autre qui a reçu un vrai gnon! se remet à l'ouvrage comme si de rien n'était. J'ai aussi assisté au déménagement de

M. V... Il avait presque tout son mobi-
lier à descendre dans un grand sampan.
Quel trafic! Mais six heures arrivent, on
se met à table et peu après nous partons.

Dimanche 27 mars.

La mer est très belle, elle est tout à
fait d'huile. Nous traversons pendant
plus de deux heures du frai de poisson,
qui est à fleur d'eau et s'étend à perte de
vue. La mer en paraît jaune. A un certain moment, on nous signale au loin le
dragon, monstre marin qui a été vu dans
le golfe du Tonkin. Les Annamites en
parlent et l'on croyait que c'était une lé-
gende, quand, dernièrement, le navire de
guerre le « Lion » l'a rencontré. Sept officiers du bord, dont le commandant, l'ont
vu et poursuivi en tirant dessus avec des
revolvers.

C'est une espèce de serpent de mer me-
surant vingt mètres de long et dont la
circonférence est d'au moins neuf mètres.
Quel monstre!!... Aussi, au cri de : « Le
dragon! », tout le monde se précipite
pour voir ou distinguer au large une
assez longue ligne noire qui serpente et
ressemble au monstre indiqué; mais,
tout compte fait, à l'aide d'un télescope,
on reconnaît que c'est « une bande de
canards! »

M. G..., qui va remplacer son frère à
la rédaction du « Journal de l'Extrême-
Orient », en tirera un article de journal
à son arrivée à Hanoï. La nuit arrive,
nous approchons d'Haïphong, où nous
arrivons à huit heures.

Lundi 28 mars.

Nous descendons à terre. Six coolies,
deux à deux, avec un bambou sur les
épaules, portent mes malles à l'autre bateau. Moi, je suis en pousse-pousse. C'est
à l'autre extrémité de la ville, il y a plus
de deux kilomètres ; ça ne fait rien, les
coolies, hommes et femmes trottinent
avec mes bagages et arrivent peu après
moi. Nous prenons nos billets et je fais
monter mes bagages sur le « Dragon ».
C'est un petit bateau à vapeur à deux
étages. Au-dessous, l'étage réservé aux
passagers chinois et annamites qui sont
entassés pêle-mêle. On n'y pourrait jeter
un sou par terre. Au-dessus, les premières et les deuxièmes ; il y a une dizaine de couchettes de premières, mais
beaucoup de passagers couchent sur les
banquettes du salon, comme il n'y a
qu'une nuit à passer. Après avoir pris
nos cabines, nous retournons à terre, au
cercle où M. B... me présente.
Il y a là M. D..., président de la

Chambre de commerce, avec qui je lie conversation et qui se met à mon service, à mon retour d'Hanoï, pour tous renseignements, etc. ; M. P..., propriétaire et directeur des mines de Kébao, et d'autres.

Je vais déjeuner seul, mais je me retrouve avec M. D..., toujours persuadé de l'importance de sa mission.

Après déjeuner, nous nous retrouvons au Cercle ; je vais faire visite à M. C..., avec lequel j'ai déjeuné à Paris. Il est l'ingénieur de l'usine électrique d'Haïphong. Il me fait visiter l'usine.

Je reviens au Cercle et, vers 4 heures, nous partons au bateau. Nous montons à bord et, à 5 heures, le signal du départ est donné ; *le Dragon* s'ébranle et part.

Nous sommes neuf ou dix passagers de première, c'est beaucoup. Jusqu'à la nuit, nous admirons les bords du Fleuve-Rouge, dont les eaux ont la couleur rouge brique, ce qui a dû le faire baptiser ainsi.

De chaque côté des rizières en préparation, on va bientôt planter le riz. Pour l'instant, la terre est seulement préparée, nivelée, séparée en carrés parfaits et unis comme un immense jeu de dames. Il fait froid : quelle différence avec Saïgon.

Mardi, 29 Mars.

Le jour parait, je me lève et regarde
par la fenêtre. C'est bien gris, il pleut, ou
plutôt c'est un fort brouillard qui tombe
et mouille tout. C'est le « crachen » qui
a lieu bien souvent au mois de mars;
c'est très bon pour la culture, mais cela
rend tout tellement humide qu'il n'est
pas rare de voir pousser des champignons
dans ses souliers. En tous cas ce n'est pas
gai.

Sur chaque rive on voit des Annamites
hommes et femmes, avec leurs grands
chapeaux ronds, qui se rendent au travail.

De ci, de là, une barque de pêche sur
les filets de laquelle nous passons.

Les rives sont vertes et paraissent bien
cultivées. Des rideaux de grands arbres
indiquent que derrière se trouve un
village, et il y en a tout le long des quantités.

Chaque village est entouré d'un rideau
d'arbres formant une haie impénétrable
grâce aux cactus épineux et aux bambous
entrecroisés. Deux ou trois portes seulement donnent entrée dans le village.

Vers 7 heures, nous voyons de grandes
fumées, c'est Prhabang où l'on fabrique
des poteries, carreaux vernissés, etc. C'est
un très gros pays dont les maisons sont

en briques, couvertes en tuiles. On dirait des maisons européennes.

Une heure plus tard nous sommes en vue d'Hanoï; d'abord l'hôpital de Lanessan, immense construction qui paraît très belle au travers du brouillard qui tombe toujours.

Ensuite on distingue la cathédrale et deux ou trois cheminées d'usine. Un anamite plonge à l'eau un bambou qui sert de sonde et crie quelque chose qu'un autre répète, cela indique le fond qu'il y a, car souvent à cause des sables on ne peut pas aborder au ponton.

Nous arrivons, une nuée de coolies, hommes et femmes, envahissent le bateau comme à l'assaut. J'en prends six. Ils accrochent mes bagages et nous montons à terre. Ça n'est pas beau où nous abordons, c'est comme en plein champ, on grimpe un talus et une masse de coolies, pousse-pousse, voitures, vous entoure. Je monte en pousse et arrive après un certain temps et avec ce brouillard épais qui tombe toujours, à l'hôtel. Hanoï ne ne dit rien par un temps pareil.

Mercredi 30 mars.

Ce changement de température et cette humidité m'a donné une assez forte diarrhée qui m'oblige à avaler force bismuth dont je me suis muni au départ, et à garder la chambre une partie de la journée.

M. B... vient me voir vers 4 heures et m'enmène faire un tour en voiture au jardin botanique et au village du papier. Le soir, je suis invité à dîner chez le premier avocat d'Hanoï, Me M..., et après dîner, nous passons au salon faire un peu de musique, Mme M... est très musicienne, un superbe Erard à queue est au milieu du salon, mais l'humidité est si grande que bien qu'on ait tenu tout fermé et allumé du feu tout en mettant deux énormes corbeilles de chaux sous le piano, pour absorber l'humidité, quelques notes sont un peu fausses, mais cela est peu sensible. M. et Mme M... ont de très jolies voix qu'ils manient fort bien, aussi, ils se mettent à chanter Sigurd, puis des romances de St-Saëns, je passe aussi une soirée des plus agréables.

Jeudi 31 mars.

Visites aux négociants d'Hanoï. Je suis reçu très cordialement. Tous sont surpris de voir un industriel français venir les visiter, l'on me dit même que je suis le premier, aussi sont-ils très disposés à me remettre des ordres.

Je me renseigne sur leur manière de faire, époques de paiement, façon de règlement, sur les articles qui les intéressent ; bref, je prends des ordres sérieux chez tous les bons avec promesses de suites.

Vendredi 1er avril.

Le temps est toujours humide et froid. Le matin, je vais visiter l'usine d'électricité d'Hanoï et reste à déjeuner avec le directeur, M. P..., dont j'ai fait la connaissance à Paris.

Hanoï est éclairé à l'électricité ; les rues, les boulevards ; dans tous les hôtels et les habitations particulières, vous avez l'électricité qui, de plus, marche très bien; aussi, l'usine est-elle très importante et on se dispose encore à l'augmenter.

L'après-midi, je vais visiter la filature, car Hanoï possède une filature de 10,000 broches, montée et dirigée par un Troyen; mais, en ce moment, il est en train de vendre à des Chinois.

L'usine se trouve donc arrêtée, mais c'est l'une des industries ayant le plus de chances de succès, là-bas. Il y a certainement une fortune à faire dans la filature. J'ai étudié très à fond la question, l'an dernier, avec un de mes amis qui était disposé à venir ici monter et diriger une filature ; nous avons eu devis, plans et tous renseignements pour cela et étions certains d'un beau résultat ; mais, quand il s'est agi de trouver quelques fonds en dehors des nôtres, fuite générale!

— Pour le Tonkin ?... Pays de sauvages !...

Comme on est mal renseigné, en France, et ceux-là mêmes qui ne consentiraient pour rien au monde à confier quelques capitaux à des gens qu'ils connaissent depuis longtemps, qui sont honorables, sérieux et ont toutes chances de réussir, iront au pas de course les porter à des inconnus pour l'exploitation d'une mine d'or quelconque, qui n'existe quelquefois que sur le papier, mais dont une réclame savante et bien payée a vanté les chances de gain.

Les bonnes affaires dépendent des gens qui les dirigent, et n'ont pas besoin de réclame.

Le soir, je vais dîner chez le directeur de l'Enseignement public en Annam et au Tonkin, qui possède des meubles chinois et anamites anciens, merveilleux, comme on n'en trouve plus. Plusieurs résidents se trouvent à ce dîner, où nous sommes éventés par des boys, qui agitent de grands écrans. J'y récolte toutes sortes de renseignements très intéressants sur les mœurs et coutumes des indigènes ; également ment sur le Japon, où j'ai l'intention d'aller.

Samedi, 2 Avril.

Le temps est couvert mais très lourd.

Je m'en vais visiter la nouvelle distillerie d'alcool de riz qu'on est en train de construire dans un faubourg d'Hanoï, c'est M. F... qui en est le directeur. J'ai fait aussi sa connaissance à Paris.

L'alcool de riz ne pouvait être distillé industriellement en raison de la température excessive; mais par suite des recherches du Dr Calmette, de Lille, on est arrivé à trouver une méthode de traitement industriel qui extrait 40 0/0 d'alcool du riz alors que les procédés annamites n'en obtiennent que 26 0/0. De là une différence notable permettant d'obtenir de très beaux bénéfices, car l'alcool est une marchandise de première nécessité là-bas. Pour l'indigène, c'est le vin du pays.

Je fais connaissance avec les frères G..., très anciens colons d'Hanoï, qui ont des plantations de café qu'ils ont crées, des rizières, des carrières de marbre, etc... En outre, l'aîné est entrepreneur et président de la chambre de commerce d'Hanoï.

L'après-midi je vais visiter l'hôpital de Lanessan sous la conduite de M. D..., pharmacien des colonies à deux galons, dont j'ai fait connaissance sur la *Ville-de-la-Ciotat.*

L'hôpital construit par de Lanessan est une immense construction comprenant plusieurs corps de bâtiment ayant chacun une destination spéciale. Il tient un emplacement considérable, possède même une chapelle, de vastes cours ombragées. C'est grand, immense même et très bien aménagé : il n'y a guère mieux en France et peu d'aussi bien.

Le soir, je dine à l'hôtel avec MM. G... et C..., compagnons de voyage. L'un, M. G..., vient diriger le « Journal de l'Extrême-Orient », et l'autre, M. C..., est rédacteur à « L'Avenir du Tonkin ».

Nous allons ensuite faire une promenade à pied pour nous dégourdir les jambes, car dans la journée, on ne marche pas, on va en pousse-pousse. Il y en a toujours cinquante devant l'hôtel qui se précipitent quand vous sortez. Cela coûte 10 cents l'heure, c'est à dire cinq sous de notre monnaie. Dix heures pour 50 sous ! Ceux qui restent ici, à demeure, ont un pousse-pousse pour six dollars par mois, soit 14 fr. Pour ce prix, un homme et sa petite voiture ne vous quittent pas d'une semelle, de 7 heures du matin à 10 ou 11 heures du soir ou même toute la nuit au besoin. Vous allez dans une maison, vous y restez trois heures : l'homme attend à la porte sans broncher et, quand vous sortez, il se précipite vers vous en disposant son pousse pour que vous ayez facile à monter.

7

Nous allons donc nous dégourdir les jambes en faisant le tour du petit lac qui est au centre de la ville. Il est plus grand qne le bassin de Barberey et est entouré de grands arbres et de massifs sur une largeur de huit à dix mètres, puis par une large chaussée bordée par de jolies constructions. C'est ravissant. Dans une extrémité, au milieu, se trouve une petite île sur laquelle est bâtie une vieille pagode reliée à la rive par un pont rustique en bois.

Vers l'autre extrémité du lac surgit une espèce de tour anamite qu'on a surmontée de la statue réduite de Bartholdi (La Liberté éclairant le monde). L'eau du lac est claire et limpide et c'est vraiment le plus joli point de vue d'Hanoï. Au clair de lune c'est merveilleux. En outre la chaussée qui en fait le tour est éclairée à l'électricité, tous les 50 mètres, par un gros globe incandescent. Cela fait détacher la silhouette des arbres qui se reflétent dans l'eau du lac.

Dimanche 3 avril.

Le crachen tombe toujours, je n'ai vraiment pas eu de chance pour le temps à Hanoï et n'ai pu de ce fait y prendre le moindre cliché photographique. Je commence à faire mes préparatifs de départ.

Je vide toutes mes malles et suis obligé de les brosser fortement pour enlever la couche épaisse de moisi qui s'est formée à l'intérieur.

Lundi 4 avril.

Je termine mes préparatifs, vais faire mes visites d'adieux, rentre à l'hôtel règle ma note, ferme mes malles, appelle six coolies pour les enlever et nous voilà partis, moi en pousse-pousse et mes malles trottinant suspendues aux épaules de mes coolies. Le crachen tombe, il fait un temps épouvantable, une boue et pas chaud du tout. Nous arrivons au ponton, mais le bateau est resté sur l'autre rive, il n'y a pas assez d'eau pour qu'il vienne sur celle-là. La rivière a 5 à 600 mètres de large.

Il faut charger les malles dans un sampan, monter sur la petite chaloupe et aller au grand bateau, où il faut faire recharger ses bagages, une partie dans la cale et l'autre dans sa cabine, et bien surveiller tout cela, car pas de billet de bagages. Chacun fait placer ses affaires, et à l'arrivée chacun les fait décharger, et dame, si on n'est pas là, on risque de trouver une ou plusieurs malles parties sans laisser d'adresse. Nous sommes assez nombreux sur la *Licorne*. Des offi-

ciers rentrent en France. Le pont du dessous regorge de Chinois, d'Anamites et
de buffles ; deux ou trois petits chevaux
y sont aussi. Tout cela pêle-mêle avec les
bagages. Nous partons à 6 heures au lieu
de 5, et à 7 heures nous nous mettons à
table. J'ai pris place avec le docteur B...
et un commissaire à trois galons.

Nous allons nous coucher à 10 heures 1 2;
je dors jusqu'à 1 heure, et en me réveil-
lant, il me semble que le bateau a stoppé.
Je me lève et vais voir. J'aperçois une
chaloupe en avant de notre bateau ; nous
ne bougeons pas et un silence complet
règne sur la *Licorne*. Peut-être sommes-
nous échoués sur un banc de sable et va-
t-il falloir attendre la marée suivante
pour pouvoir remarcher. Comme je ne vois
personne à qui parler, je vais me recou-
cher et me rendors, mais longtemps après.

C'était une chaloupe chinoise qui était
échouée ; nous avons préféré attendre,
avant de nous engager dans cette passe
difficile, que l'eau monte un peu.

Mardi 5 avril.

Au matin nous marchons, mais cet arrêt nous a retardés et nous n'arriverons
à Haïphong qu'à 11 heures du matin. Je
peux prendre mes bagages de suite et arrive l'un des premiers à l'hôtel où grâce

à cela j'ai une assez bonne chambre. Le soir, je vais au théâtre, car il y a théâtre à Haïphong en ce moment. On joue, *Le Jour et la Nuit*, et pas mal ma foi ! Petit théâtre comme une baraque de foire, bien peu de monde. Dans l'orchestre (8 à 9 musiciens) je crois reconnaître un Troyen qui joue de la flûte. C'est un jeune homme qui devait faire partie de l'orchestre d'Ozanam ; je tâcherai de le joindre et de lui causer.

Pendant l'entr'acte, je l'appelle et lui demande s'il n'est pas de Troyes.— Oui ! mais il ne me reconnait pas et je suis obligé de me nommer ; lui-même me dit être V..., et nous nous mettons à parler de Troyes, du patinage, de ce pauvre M. Peychaud, de Joissant et des jeunes gens, de mon frère, etc... — Comment êtes-vous ici ? C'est bien lui qui était à l'Ozanam et dessinait les programmes. Comme il avait fait une saison de deuxième flûte au théâtre de Troyes, il obtint de faire une saison dans une ville d'eau (La Bourboule) et de là contracta un engagement dans une troupe qui allait au Canada où il est resté 4 ou 5 ans. Il revint à Troyes l'an dernier, et c'est à Paris qu'il rencontra son chef d'orchestre qui l'engagea pour le Tonkin.

Nous causons pendant les entr'actes et, après la représentation, je l'invite à venir déjeuner avec moi le lendemain.

Vendredi 8 avril.

Je ferme mes malles et termine un double de commission que je vais porter. Je rentre à l'hôtel, prend six coolies et me voilà parti porter mes bagages à bord. Mais le bateau n'est pas à quai, il faut prendre un sampan pour m'y transporter. Je trouve le capitaine qui va se mettre à table et qui me dit :

— Vous savez que ce bateau, le *Hanoï*, ne part pas aujourd'hui.

— Pourquoi?

— Une difficulté avec la douane, qui fait décharger tout le chargement de riz, pensant qu'on en a déclaré moins qu'il n'y en a.

— Et alors, quand part-on ?

— Demain, à quatre heures.

— C'est gentil !

Je reprends ma valise, installe mes autres bagages à bord et reviens à l'hôtel où ma chambre était promise, mais pas encore prise. Il était temps !

V... arrive et nous nous mettons à table. Il m'apporte quelques renseignements sur la traversée du Canada et me donne des adresses et deux lettres pour Montréal et Québec. Après déjeuner, comme j'ai reperdu ma clef depuis hier, je vais faire la sieste, et à 5 heures V... vient me chercher. Nous prenons deux pousses et allons au lac Traïl, c'est la seule et unique promenade d'Haïphong. C'est à environ 4 à 5 kilomètres ; un restaurant est là. Tout le long de la route qui est droite et plane, des étangs, ou plutôt des dépressions de terrains que recouvre la mer à la marée et qui restent inondés. Nous voyons au restaurant quelques personnes qui sont venues prendre l'apéritif, d'autres arrivent. C'est le rendez-vous du beau monde. Nous rentrons vers l'heure du dîner et V... va à sa répétition pour un grand concert donné par la philarmonie le dimanche de Pâques. (Le directeur est M. B..., pharmacien et 1er adjoint.)

Samedi 9 avril.

Je me lève vers 8 heures et me mets à écrire jusqu'à 10 heures. J'ai vu une petite note affichée annonçant le retard d'un jour du *Hanoï*. Aussi je vais voir à la même place s'il n'y a pas de modification nouvelle, et je vois que le départ est fixé à 2 heures. Bon ! moi qui croyais 4 heures. Un peu plus mes bagages partaient sans moi. Je me dépêche de partir pour 2 heures. J'arrive à bord et ne vois personne, à part les Chinois. Enfin un monsieur (c'est le pilote), à qui je demande si c'est bien pour 2 heures cette

fois. Je pense que oui, me dit-il. Au salon
des premières, je vois M. C... dont j'ai
fait connaissance à l'hôtel. C'est un commissaire des douanes chinoises, d'origine
américaine, il parle assez bien français
et rentre en Europe par le Japon et San-
Francisco ; un autre monsieur l'accompagne avec qui j'engage la conversation.
C'est M. B..., le compagnon de voyage
du prince Henri d'Orléans.

Il nous raconte des épisodes de son
voyage, entre autres la scène où ils ont
laissé Roux malade en route, n'ayant
plus de provisions.

Je lirai cet ouvrage avec d'autant plus
d'intérêt. M. R..., l'armateur, faisant
partie de la société Marty et d'Abbadie
vient à bord, il est plus de 2 heures et il
s'étonne que l'on ne parte pas. Le capitaine n'est pas arrivé. Enfin, à 3 h. 1[2,
le capitaine arrive et nous partons. Nous
ne sommes que deux passagers, M. C...
et moi, aussi le soir à dîner nous nous
trouvons trois avec le capitaine Ménard,
bon et brave homme.

Nous allons nous coucher de bonne
heure après avoir vu, à la tombée de la
nuit, la plage de Dosson où vont passer
l'été la plupart des Haïphonais.

Il y a beaucoup de jolies propriétés au
bord de la mer. M. D..., d'Hanoï, en a une
très belle, ainsi que quelques personnes
d'Hanoï ; mais c'est un peu loin pour elles

et cela ne peut aller que pour les Hanoïens ayant des vacances de deux ou trois mois, tandis que d'Haïphong il n'y a que 22 ou 24 kilomètres et les commerçants y vont du samedi au lundi.

Dimanche 10 avril.

Je suis bien secoué dans mon lit. Ma tête frotte du haut en bas de mon oreiller. J'essaye de me lever, mais sitôt debout je vais piquer une tête au bout de la cabine. Diable! je me recouche. Un tabouret en osier danse une sarabande de long en large, mais habits ont des oscillations énormes ainsi que le photophore qui décrit des courbes nombreuses et compliquées.

J'entends qu'on déménage M. C .. qui a laissé sa fenêtre un peu entr'ouverte et se trouve inondé par une lame; ses malles et ses valises flottent dans sa cabine. Vers 8 heures, j'essaie à nouveau de me lever, je passe mon pantalon en me cramponnant à mon lit, je mets ma vareuse et je monte au salon. Le capitaine est là tout gai de ce temps.

Je prends une tasse de café au lait, mais je ne me sens pas la tête solide, car ça remue trop et en tous les sens, tangage, roulis, etc... Je redescends me coucher.

Vers 10 heures, cela s'est légèrement calmé, car nous approchons de la terre, je finis par m'habiller et monte sur le pont.

Nous nous mettons à table à 11 heures, le temps est gris et le vent souffle.

Nous devions aller à Hong-Kong d'une seule traite et serions arrivés vers lundi soir, mais le capitaine a trouvé un sac de dépêches pour Hoï-Hau, capitale de l'île d'Haïnan, il faudra donc s'y arrêter et comme nous n'y arriverons que ce soir, nous y passerons la nuit à l'ancre, la sortie du détroit d'Haïnan étant dangereuse, pleine de récifs, il est défendu par les Compagnies d'assurances d'y passer la nuit.

Quand nous sommes ancrés en face Hoï-Hau, il est 6 h. 1|2, la nuit est arrivée.

Un officier des douanes vient à bord, il a un mot de l'agent de la Compagnie disant au capitaine qu'il a à lui donner 400 cochons, 16 bœufs, des poules et d'autres marchandises de cale. Cela devra être chargé la nuit pour nous permettre de partir le lendemain matin à 6 heures. Le douanier, qui ne parle qu'anglais, reste à dîner avec nous. Ça n'en est pas plus gai et je pense que pour un jour de Pâques c'est une bien triste journée que je viens de passer avec, en outre, la perspective de ne pas dormir à cause des co-

chons qu'on va charger. Le capitaine
nous offre une bouteille de bon vin, à
l'occasion de ce jour de fête, et nous engage à aller dormir avant que le bruit ne
commence. La nuit se passe bien et sans
tapage.

Lundi 11 Avril.

Le bateau ne bouge toujours pas, on
n'a pas dû charger.

Je me lève; effectivement, rien n'est
venu. Je vois le capitaine qui me dit que
les barques ne peuvent approcher à cause
du vent.

Vers 10 heures seulement, les premières arrivent, fortement secouées, et,
après s'être accrochées à nous avec peine,
le chargement commence et c'est, ma foi,
chose curieuse. Les cochons sont enfer-
més chacun dans une espèce de panier
ovoïde, en osier. Les paniers sont posés
l'un sur l'autre sur quatre ou cinq rangs
et remplissent les bateaux qui arrivent.
Aucun cri n'en sort. La grue qui sert à
charger descend une chaîne avec plusieurs crochets ; on accroche six paniers
à cochons d'un coup, et crac les voilà en-
levés en l'air et portés sur le pont de
notre bateau où on les empile tant qu'on
peut. Pendant leur voyage aérien, ils
sont un peu surpris et se font entendre,

d'autant plus qu'ils vont frapper dans le bordage de notre bateau et si leur groin ou leurs pattes sortent du panier ils risquent fort de recevoir un gnon et d'être écorchés. La mer est forte et à chaque instant une lame passe par dessus les bateaux qui nous entourent. Quelques-uns sont déjà à moitié pleins d'eau et on craint que les cochons du rang de dessous ne soient noyés ; aussi les bateliers vident-ils l'eau tant qu'ils peuvent ; ce sont des Chinois qui font ce travail et il faut voir avec quelle ardeur.

Pour le chargement des bœufs, cela ne se passe pas aussi bien. Comme il n'y a a pas d'accessoires, on met simplement une corde double sous le ventre du bœuf, près des épaules ; on l'enlève ainsi en lui tirant la tête vers le bateau par une corde passée aux naseaux.

Faut voir l'ahurissement des pauvres bêtes ! Enfin, à deux heures, le chargement est fait et nous levons l'ancre. La mer promet d'être forte. Nous sortons du détroit d'Haïnan, juste à la nuit, nous sommes passés près de forts brisants, ce qui serait dangereux dans l'obscurité ; la route nouvelle se trouve maintenant donnée. nous sommes en pleine mer, nous pouvons dormir tranquilles.

Mardi 12 avril.

Le temps est plus beau, le soleil se montre, voici quinze jours que je l'ai vu et ça me fait plaisir. Nous restons sur le pont une partie de la matinée, passons en vue de l'île Saint-John et croisons une masse de barques de pêche, à voiles. Nous faisons quelques parties de piquet et quelques parties de manille fin de siècle où ce pauvre capitaine a toujours aussi peu de chance et se désole. Avec quelques lectures de journaux ou revues, la journée finit par se passer. Nous n'arriverons pas à Hong-Kong avant neuf ou dix heures du soir.

Au moment de nous mettre à table, on commence à voir les premiers feux annonçant le port. Après dîner, nous allons sur le pont et y restons jusqu'à notre arrivée en rade.

Hong-Kong est une île, comme toujours. (Colombo, Singapour, etc.). C'était un rocher montagneux, mais il se trouvait abriter une baie superbe. Les Anglais se sont installés là, et de ce rocher, en 50 ans, ils ont fait une ville magnifique, en amphithéâtre, avec des arbres et de la verdure. C'est aujourd'hui le second port du monde!

Quelle différence avec nous! Ainsi Saïgon qui est une très belle ville, ne pourra jamais faire un port important puisqu'il y a quatre heures de rivière pour y parvenir. Si au lieu de bâtir Saïgon à côté de Cholon (la ville chinoise), on l'avait établie au cap Saint-Jacques, à l'entrée de la rivière, cela aurait fait un port de mer sur le passage des bateaux et le climat y eût été tempéré par la brise de mer.

De même à Haïphong où des bateaux de petit tonnage peuvent seuls monter. A Haïphong, il n'y avait que des marais : il a fallu surélever tout le sol sur lequel est bâtie la ville d'au moins deux mètres, c'est un travail énorme qui a été accompli; mais au lieu de cela, si on avait bâti la ville à Dosson, au bord de la mer, il n'y avait pas ce travail et on pouvait arriver à avoir un port de mer. Si on se décide à en créer un ce sera à Tourane où il y a une baie superbe, bien entourée, mais il faudra que des chemins de fer soient créés et relient Tourane à Saïgon et à Hanoï.

Notre arrivée au milieu de tous les bateaux qui sont dans le port est très émouvante, car il est 10 heures du soir. Enfin nous trouvons une bonne place et l'ancre est jetée, mais nous ne descendons pas à terre, ce sera pour demain matin ; nous allons nous coucher.

Mercredi 13 Avril.

Le lendemain, dès 6 heures, tapage infernal ; je me lève à la hâte et monte sur le pont, le soleil commence à se lever et le spectale est vraiment magnifique. Devant est Hong-Kong qui se dresse en amphithéâtre, car le rocher sur lequel elle est bâtie est très élevé (550 mètres) sur peu de profondeur. Des bateaux nombreux sillonnent le port en tous sens. Le nôtre est entouré de jonques et de sampans chinois qui viennent pour décharger les cochons et c'est un spectacle inénarrable. Chaque sampan a pour équipage une famille, un ou deux hommes, une ou deux femmes et des enfants. Tout cela naît, vit, se marie et meurt dans son bateau.

Chaque bateau a attaché au bordage du nôtre un piquet portant en haut une petite poulie en bois. Un homme du sampan est sur notre pont et accroche un cochon que le reste de la famille tire dans le sampan et range dans le fond.

Je vois deux jeunes femmes (on leur donnerait 16 ans) qui tirent sur la poulie tout en ayant attaché sur le dos un enfant de quelques mois. Ah ! si le soleil était plus ardent, je prendrais un curieux cliché de cela. Et les cochons hurlent, et les Chinois crient, et ça pue ! ! !

Mais je vais m'habiller et fermer mes malles. Bientôt deux chaloupes à vapeur arrivent à bord. Ce sont les deux chaloupes de deux hôtels qui viennent chercher des passagers. Nous descendons à Hong-Kong-Hôtel, qui donne en face la baie.

C'est un hôtel qui a cinq étages. Au deuxième, j'ai le numéro 134. C'est la vie anglaise tout à fait. A 6 heures, café dans sa chambre ; de 8 à 10 heures, déjeuner se composant de jambon, rôties, œufs, légumes, etc., le tout arrosé par du café au lait ; de 1 heure à 2 h. 1/2, le tiffin, même menu, avec de l'eau ou du vin, et se terminant par une tasse de café ou de thé ; à 4 heures, on peut encore avoir une tasse de thé ou café dans sa chambre, et de 7 h. 1/2 à 9 heures, dîner.

Je vais voir le directeur de la Banque d'Indo-Chine pour qui j'ai un mot, il est très aimable et déplore qu'il y ait si peu de Français venant à Hong-Kong. Il n'y en a presque pas, dix ou douze tout au plus, aussi les affaires avec la France sont-elles nulles et n'y connaît-on pas les produits français. Les Allemands sont venus s'y implanter depuis quelques années et ont enlevé une partie des affaires aux Anglais. En le quittant, M. A. m'invite à déjeuner pour le lendemain.

Je vais ensuite voir M. M..., armateur et commissionnaire, une des seules maisons françaises existantes ici.

Je vais rendre visite au consul de France qui me reçoit très bien et me tient à peu près le même langage que le directeur de la Banque.

Au moment où je sors du Consulat, passent les tambours et clairons d'un régiment anglais. Mais en ce moment, les clairons (ils sont au moins 15) jouent du fifre, accompagnés par six tambours et une grosse caisse. C'est horrible !... çà vous donne des grincements de dents. Je rentre à l'hôtel et attends M. C... pour dîner. Il me dit qu'il a voulu me présenter au Club, mais que mon nom y était déjà porté. De même sur le journal du soir, je vois mon nom parmi ceux des passagers arrivés à Hong-Kong.

Après dîner, comme j'ai une chambre trop chaude (car elle se trouve au-dessus de la cuisine), je me fais changer ; on me met à l'autre bout de l'hôtel, au même étage.

Jeudi 14 avril.

Je suis invité à déjeuner par le directeur de la Banque d'Indo-Chine ; il reste à mi-côte du pic. Je vais le chercher et nous prenons chacun une chaise à porteurs ; avec les pousse-pousse, c'est le seul moyen de locomotion ici.

Pas de voitures, quelques chevaux pour

les courses (il y a un champ de courses superbe) et pour jouer au polo.

Pour monter au pic, c'est tellement raide, que les pousse-pousse ne peuvent pas.

Nous voilà donc partis tous deux côte à côte chacun dans notre chaise. C'est un fauteuil en jonc supporté par deux longs bambous que les porteurs se mettent sur les épaules. Quand il fait soleil on pose au-dessus du fauteuil un petit dais en toile blanche; on est vraiment pas mal là-dedans.

Les gens qui ont leur chaise à eux, (c'est-à-dire toutes les dames et les gentlemens) ont en général quatre porteurs chinois, habillés de même, vestes et pantalons blancs avec bordures bleues et chiffre de la personne sur le bras des porteurs. Le gouverneur a des porteurs habillés de rouge, le sous-gouverneur en a qui sont en blanc avec grandes écharpes et bordures rouges. C'est très joli. Cela doit être dur pour ces gens, ils montent la côte en marchant vite, quoique ce soit très raide.

J'entends mon porteur d'arrière qui souffle comme un bœuf, il est temps que nous arrivions. Des villas se dressent tout le long de la montée. On creuse la montagne, avec les déblais on fait un remblais de manière à arriver à avoir une belle plate-forme et on construit la villa. Les Anglais ont planté des masses de pins maritimes, des eucalypsus, etc., pour assainir et maintenant tout ce côté de l'île n'est qu'un massif de verdure.

La maison occupée par M. A., est juste au-dessus du jardin public. C'est comme toujours, vaste, bien meublée et très confortable. En causant, il se trouve que mon hôte est resté longtemps avec un de mes amis intimes à Smyrne, aussi causons-nous de cet ami.

Après le déjeûner, nous descendons à pied en traversant le jardin botanique, admirablement dessiné et se composant de terrasses successives reliées par des escaliers monumentaux. Des fleurs en quantité dans les massifs, je remarque un massif de balzamines qu'on vient de repiquer, elles sont déjà grandes et grosses comme mon porte-plume. Et dire que tout cela n'était qu'un rocher descendant presque à pic jusqu'à la mer. Après être retourné à l'hôtel, je reviens vers quatre heures prendre M. A., et nous allons pour monter au pic. Un petit tramway funiculaire nous mène près du sommet.

Durant la montée, je ne regarde que devant moi, aussi, arrivé en haut et me retournant, je suis saisi par la beauté du spectacle, toute la baie remplie de bateaux et la petite presqu'île en face qui est aussi aux Anglais et sur laquelle ils ont bâti une petite ville; au fond de cela des montagnes qui forment la limite de leur possession et terminent la clôture circulaire de la baie.

C'est un spectacle vraiment magnifique, d'autant plus qu'on a cela sous les pieds. Autrefois, le rocher descendait presque à pic jusqu'à la mer, mais les Anglais, petit à petit, ont comblé et gagné un assez grand terrain sur la mer même, c'est ce qui forme la ville. Un magnifique et colossal hôtel est bâti à côté de nous, sur le pic. L'été, il regorgeait de monde ; mais les Anglais, voulant augmenter leurs troupes par ici, ont acheté l'hôtel pour en faire une caserne ; ils sont en train de travailler à l'aménagement. L'hôtel avait coûté 20 à 22,000 livres, ils l'ont payé 30,000 livres comptant (750,000 francs). Du point où nous sommes, nous voyons l'autre versant qui va aussi en pente à la mer. Au bas se trouve un sanatorium pour les missions : cela forme un fort beau groupe de bâtiments. L'île est toute petite, puisque M. A... me dit en faire le tour à bicyclette en trois heures, sur lesquelles il est obligé de marcher une bonne heure et demie à cause des montées trop raides. Nous redescendons et voyons les immenses bassins de captation des eaux. Ce qu'il y a de remarquable, c'est que toutes ces villas, perchées dans la montagne, ont le gaz et l'eau : le confort avant tout.

En passant près du terrain de manœuvres nous voyons des soldats faire l'exercice avec de petites pièces de montagne Maxim. C'est un petit canon revolver, traîné par les artilleurs eux-mêmes. Ce sont des volontaires, c'est-à-dire des jeunes gens de l'île dans le commerce ou l'industrie, qui sont convoqués de temps en temps pour des exercices. Les troupes étant peu nombreuses, si les soldats actifs étaient obligés de partir, les volontaires serviraient à la garde de l'île. Le colonel est le président du Tribunal. C'est très curieux de les voir manœuvrer. Ensuite nous allons au club, où M. A... m'a inscrit. C'est un vaste monument carré en pierres de taille, au bord de la mer. Toutes les maisons, du reste, sont des monuments ; trois étages, mais quels étages ! chacun en ferait deux des nôtres. Toutes les salles sont aussi élevées que celle de l'Hôtel de Ville.

Ascenseur, lumière électrique, etc... Au rez-de-chaussée, à droite, une salle avec trois immenses billards à bourses, à gauche, une autre salle avec deux billards, sur la face de derrière, une immense salle de jeux de boules : trois jeux l'un à côté de l'autre, chacun a 2 m. 50 de large et a 15 à 20 mètres de long, dans la partie restant au rez-de-chaussé se trouve le lavatory ; 12 cuvettes au moins avec glaces devant, eau chaude et eau froide, savonnettes, brosses à ongles, serviettes, à côté jeux de brosses et de peignes, brosses spéciales pour ceux qui les mouillent avant de se les passer sur les cheveux (annotation spéciale). On peut faire sa toilette complète. Du reste comme les Anglais se mettent toujours en habit pour aller dîner en ville, ceux qui restent au haut du pic se font apporter leur linge là et se changent complètement. A côté de cela water-closets, comme on en voit bien peu en France. C'est à vous donner envie d'avoir la colique pour en profiter souvent.

Nous montons au premier ; là vaste salle des Pas-Perdus, sur laquelle ouvrent tous les petits salons. Dans cette salle sont affichées toutes les nouvelles, dépêches, etc.

Toutes les sociétés de sport (et il y en a !) ont leur tableau où sont placardés les matchs, les fêtes, le nom des joueurs qui doivent y prendre part, etc.; faisons la tournée de cette salle : à droite, salon pour écrire, huit à dix tables dont une ou deux pour écrire debout, avec tout ce qu'il faut : papier, enveloppes, plumes, annuaires d'adresses, bottins, etc. Nous continuons par la salle de lecture sur la façade de gauche. Deux grandes tables comme des comptoirs sont au milieu. En tas et par genres tous les journaux importants du monde. J'y vois l'*Avenir du*

Tonkin, le *Figaro*. Il y en a bien cinquante et adossés aux tables des fauteuils.

Chez nous les fauteuils seraient mis face aux tables, là non, c'est l'inverse et c'est très pratique, car la lumière étant au-dessus des tables. quand vous leur tournez le dos, elle arrive en plein sur votre journal, tout en ne vous frappant pas dans les yeux. Là aussi il y a des tables-bureaux pour ceux qui veulent lire debout.

Sur la façade de gauche, grand bar, les Anglais aimant beaucoup consommer au bar, mais à côté, il y a aussi une petite salle où on consomme assis. Du reste où que vous soyez dans l'immeuble, une sonnette électrique vous fait surgir un boy qui vous sert ce que vous voulez là où vous êtes.

Tout autour de ce premier étage, une vaste galerie avec terrasse carrée avançant au milieu de la façade, au-dessus de l'entrée. Tous les salons ouvrent par des portes à doubles battants sur cette galerie, garnie de fauteuils en rotin ou jonc. La galerie qui donne sur la mer est la plus agréable comme vue, mais suivant l'orientation du soleil, on a toujours une façade à l'ombre.

Au deuxième, c'est la bibliothèque, qui occupe toute la façade, avec un nombre de livres énorme. A droite et à gauche

sont des salles de restaurant, car on peut
y manger, on peut même y donner des
dîners dans des salons particuliers.

Comme au premier, une galerie fait
tout le tour du bâtiment, sur laquelle ouvrent tous les salons.

Au troisième, ce sont des chambres
pour les membres du dehors qui viennent passer quelques jours à Hong-Kong
Comme cotisation, ce n'est pas excessif
pour un tel confort : 50 dollars d'entrée
et 7 dollars par mois (soit 125 fr. et
17 fr.). Chaque membre peut présenter
ses amis de passage qui, comme moi, ont
le droit d'aller au cercle pendant six jours.

J'y puis manger, boire, on me fera,
comme aux autres, signer des bons que
j'irai régler avant mon départ, en mettant dans un grillage *ad hoc* ma carte
avec P. P. C. Si je restais davantage, je
paierais 3 dollars par mois, mais pendant
six mois seulement. Pour un séjour plus
long, il faudrait que je fasse complètement partie du cercle. Aussi, avec tout ce
confortable à leur disposition, les Anglais se trouvent-ils partout chez eux. Du
moment qu'ils ont leur criquet, leur foot-
ball et leur club, ils pensent très peu au
retour en Europe. Dans les colonies françaises, au contraire, vous n'entendez que
des gens vous disant : « Ah ! encore dix-
huit mois avant de retourner en France »,
et, six mois d'avance, ils prennent leur

billet et retiennent leur place. Aussi ne pensent-ils pas à faire rien de durable, c'est du provisoire.

Après avoir pris un bon verre de lait à la terrasse de la Bibliothèque (je dis bon lait, car il y a une laiterie ici et le lait y est délicieux pour celui qui, depuis un certain temps, n'en boit plus que du concentré), nous allons un moment à la salle de lecture lire quelques journaux et je rentre dîner.

Je trouve le brave capitaine du *Hanoï*, que j'ai invité et qui m'attend. Nous dînons aussi mal qu'on peut dîner ici; il ne connaît pas ou peu l'anglais, aussi demande-t-il quelque chose du menu, et on lui apporte un plat auquel il ne s'attendait pas du tout.

Vendredi 15 août.

Je commence à refaire mes malles, que j'ai dû défaire tout à fait pour les mettre à l'air, l'intérieur commençant à moisir. Ensuite je vais à l'office de la Canadian Pacific Railway Co, qui a télégraphié hier à Yokohama pour savoir s'il restait des places sur les empress qui vont à Vancouver. Il y en a encore 2 qu'on me fait choisir sur un plan de bateau. Je fais donc dresser mon billet pour Paris. Je conviens de tout : nourriture à bord du chemin de fer, couchette la nuit, etc. C'est alors que j'envoie une dépêche à Troyes avec ce seul mot : « Circulaire ».

Je dois partir dimanche à la première heure sur le *Rohilla*, bateau anglais allant au Japon. Il faudra donc que j'y aille coucher samedi soir. Ensuite, de Yokohama je prendrai l'Empress of India pour Vancouver.

Je vais prendre un ritchau qui me mène à l'Hippodrome et aux cimetières qui sont côte à côte, à côté de l'hippodrome. Il y a le cimetière chinois, le cimetière catholique et le cimetière protestant. Dans ce dernier surtout, ce n'est qu'un bouquet de fleurs. Comme un superbe jardin avec jet d'eau au milieu et toutes les allées bordées de plates-bandes toutes fleuries, au milieu desquelles des carrés avec des tombes dans la verdure. Ils appellent cela le champ du repos et c'est bien nommé ; il semble qu'on y doive reposer avec béatitude et l'ensemble de toutes ces fleurs et leur arrangement ne laisse pas une impression triste comme dans nos cimetières si réguliers. J'en prends un cliché quoique le temps soit sombre. Je sors ensuite faire le tour de l'hippodrome, immense plaine verte entourée de collines. La main de l'homme a contribué à créer cette immense plaine horizontale et unie comme un billard ; c'est encore un des travaux remarquables des Anglais.

Après dîner, je sors faire une petite promenade et j'entends de la musique, ce qui me fait me diriger de ce côté. C'est la musique militaire anglaise. De loin, je suis surpris de la douceur du jeu des clarinettes. Elles sont nombreuses et bonnes et soutenues par deux hautbois et un basson. J'entends deux ou trois morceaux dont l'un, interminable, qui comprend des soli de piston, baryton, basse et clarinette.

Cette musique n'est pas mauvaise, mais ne ressemble pas aux nôtres. Les solistes ont une petite façon de faire les pointe d'orgue en lâchant la note de la fin du grupetto pour reprendre fortement la suivante qui la redouble; tous ont la même façon et si tranchée que c'en est amusant.

Ça se passe au bas du chemin conduisant au tramway du pic. Là encore, le côté pratique des Anglais se montre. La station du tram est à 3 ou 400 mètres de l'angle de ce chemin qui y monte. Quoique planté de grands arbres de chaque côté, on voit cette station du bas.

Il part un train tous les quarts d'heure. Le jour trois disques (rouge, vert, blanc), la nuit trois lanternes des mêmes nuances indiquent aux voyageurs, au moment où ils prennent le chemin et ont ces 3 ou 400 mètres à faire :

1º Le train va partir, dépêchez-vous.

2º Le train vient d'arriver, vous avez le temps de venir sans vous presser.

3º Le train n'est pas encore là, vous avez tout le temps voulu.

Après l'audition de ces quelques morceaux, je trouve qu'il est temps de regagner mon logis, ce que je fais.

Samedi 16 avril.

Il faut terminer les malles cette fois.

Je n'ai pu encore avoir mon linge, mon changement de chambre a jeté la perturbation dans l'esprit du blanchisseur sans doute. J'ai beau dire à mon boy que j'ai besoin de mon linge; comme il parle mal l'anglais et moi aussi, nous nous comprenons avec difficulté. À la fin, je me fâche et parle fort : « I want absolutely my washing for this morning, before tiffin », il file comme un zèbre et je me dis « il a peut-être enfin compris ! »

Je sors de l'hôtel et vais prendre un petit vapeur qui va à Kowloon, c'est la petite ville bâtie par les anglais en face de Hong-Kong, sur la pointe qui avance dans la baie. Il faut vingt minutes pour y aller en traversant toute la baie sillonnée de bateaux de toutes sortes. Aujourd'hui le soleil brille et la chaleur est très forte, mais une fois le petit vapeur en marche il fait frais à cause de la vitesse de la marche. Au quai de Kowloon c'est encore plus encombré d'immenses bateaux qui chargent ou déchargent des marchandises.

Je prends un ritchau et lui dis de me conduire aux docks où le Hanoï est en train de se faire gratter. Mon Chinois n'a pas l'air de savoir ce que je lui dis, il me demande de lui indiquer la direction, mais, ma foi, j'en suis bien embarrassé. Enfin je lui fais un geste vague en avant en criant plus fort : « Dock », et comme il croit que je suis fâché, il file. En route, il demande à des confrères qui parlent mieux l'anglais que lui et il se trouve que nous sommes sur le bon chemin.

Nous traversons Kowloon et je remarque de jolis logements. Des maisons très longues, comprenant une série de 6 ou 8 logements avec un petit jardin devant chaque. Tous ces petits jardinets ne sont que des massifs de fleurs. C'est délicieux.

Une fois la petite ville traversée, nous suivons le bord de la mer et contournons une petite baie, de l'autre côté de laquelle des maisons et de grands bâtiments me font penser que c'est bien là que sont les docks.

Le soleil tape, le chemin est long, et mon Chinois commence à avoir chaud et à s'éponger tout en courant à belle allure.

Nous traversons une petite ville chinoise et sommes enfin à la porte de ces docks. Midi sonne, et les ouvriers en sortent en grand nombre. J'entre malgré cela et vois trois Indiens entre lesquels passent les ouvriers chinois. Les Indiens, qui font partout ici la police, ont des têtes caractéristiques avec leur barbe noire qu'ils roulent en la remontant le long de la joue, et leur énorme turban rouge, jaune ou bleu. En ce moment, ils palpent de leurs deux grandes mains chaque Chinois qui sort des ateliers pour s'assurer qu'il n'emporte rien. Je leur demande le Hanoï et ils m'indiquent une direction que je prends.

Ces docks sont immenses, ce sont les plus grands du monde ; on peut mettre deux cuirassés au bassin à la fois. Après avoir contourné quelques bâtiments, j'aperçois un bateau sorti de l'eau qui me paraît être le *Hanoï*, et en effet, ça l'est.

Le bateau est complètement sorti de l'eau et repose bien droit sur des taquets qui permettent de passer même dessous. La quille est à plus d'un mètre au-dessus du sol.

Quelle masse quand on le voit comme cela, il est bien haut comme une maison. Par côté on a établi un plan incliné qui permet de monter à bord. Je fais l'ascension et me dirige vers la salle à manger où se trouvent trois ou quatre personnes prêtes à se mettre à table.

Le capitaine arrive, il est tout content

de me voir, il croit que je viens déjeuner
et fait mettre un couvert, mais je m'excuse et le remercie, ce qui lui fait de la
peine.

Je lui annonce mon départ pour le lendemain matin en lui disant que je suis
venu seulement lui serrer la main.

Il m'exprime tous ses regrets, me re-
conduit et me voilà monté en ritchau pour
revenir. Je ne croyais pas que les docks
étaient si loin, sans cela je me serais arrangé pour partir plus tôt. Il est midi 20,
une demie heure de pousse, 10 minutes
de bateau, je serai rentré pour une heure.
Je me fais traverser la ville par une autre
rue où sont toujours de jolies villas toutes fleuries à un tel point qu'à un certain
moment il me semble être à Nice. J'arrive juste au moment où va partir le petit vapeur sur lequel je prends place, et à
1 heure moins 5, je me retrouve à l'hôtel.

M. C... m'attend, il m'offre un espèce
de champagne allemand pas bien cher et
qui sent beaucoup le cidre, mais ça n'est
quand même pas mauvais par une telle
chaleur. Je me demande si ce n'est pas
pour cela que les Allemands accaparent
les pommes de Normandie.

Après le tiffin, nous nous faisons nos
adieux en nous promettant de nous revoir
à Yokohama et peut-être à Troyes, où M.
C... pourrait venir à bicyclette, car il restera un certain temps à Paris. Je retourne

à ma chambre, pas de linge! c'est trop
fort. Je sonne, crie après le boy, qui refile
et reviens peu après avec le blanchisseur.
Cette fois, le linge est bien. C'est le genre
anglais, plastron raide et brillant et toujours le même prix, 3 cents la pièce, chemise, mouchoir ou faux-cols, 3 cents, ce
qui fait à peine 1 sou 1/2. Pour les chemises, ce n'est vraiment pas cher.

Cette fois, je puis boucler complètement mes malles.

Je descends au bureau pour ma note,
que je règle toujours avec des messieurs
qui ne parlent que l'anglais. Le bateau
de l'hôtel ne doit partir qu'à 5 heures, je
dis que mes bagages sont prêts. Je vais
faire mes adieux à M. A., et, comme c'est
samedi, je le trouve presque seul à sa
banque.

Suivant la méthode anglaise, le samedi,
à partir d'une heure, les banques, maisons de commerce et autres ferment, et
les employés ont campo jusqu'au lundi à
9 heures du matin. Lui a une ou deux
dépêches à répondre à Saïgon, et il me
montre un code permettant par un seul
mot de dire des phrases très longues et
compliquées ; mais il ne faut pas se trom-
per, par exemple !

Je retourne à l'hôtel.

Tous mes bagages sont là, descendus et
rangés avec un tas d'autres. Peu après,
le pisteur, après avoir fait charger le

chariot, se dirige vers le quai où se trouve le petit vapeur qui nous mène au Rohilla.

J'avais presque l'intention de revenir dîner à Hong-Kong, une fois mes bagages chargés et ma cabine retenue, mais ma foi c'est loin et pour dîner seul à l'hôtel, mieux vaut rester à bord. Je reste sur le pont et m'accoude au bordage pour regarder les sampans qui sont autour de nous, attendant l'aubaine d'un passager à mener à terre.

Juste au-dessous s'en trouve un où le dîner est servi sur le carré du milieu ; l'homme, la femme, un enfant de 10 à 12 ans et un autre de 3 ans sont assis face à face ; entre eux une écuelle de riz et un grand plat où il y a un mélange de petits poissons, légumes, etc. Chacun a son bol qu'il remplit de riz cuit à l'eau, ils l'élèvent à la hauteur de la bouche comme pour boire et pan, pan, pan, avec les deux petits bâtons ils se bourrent la bouche. Un Anglais, accoudé à côté de moi, me fait remarquer le petit baby de 3 ans qui se sert déjà de ses baguettes comme un « old man » (vieil homme). C'est très comique !

Nous voyons aussi, dans un autre sampan, une femme qui tire de l'aviron avec son enfant attaché dans le dos.

Le premier coup du dîner sonne et peu après je revois mon Anglais en smoking.

Diable, je ne pensais pas à cela. Vite, je descends et enfile mon smoking aussi.

Nous nous mettons à table. Je vois alors le capitaine qui en a invité deux autres à dîner. Ils sont au milieu de la table avec les autres officiers. Comme passagers, nous ne sommes guère que cinq ce soir.

Après dîner, nous allons sur le pont ; le spectacle de la ville éclairée du haut en bas est magnifique, en outre, plusieurs cuirassés, dont deux américains, envoient des projections électriques qui traversent l'espace. C'est féérique.

Dimanche 17 avril.

Il fait à peine jour quand le bateau s'ébranle, et nous voilà partis.

A 6 h. 1/2, un chinois entre dans ma cabine et me demande si je veux du thé ou du café. Peu après, il m'apporte une tasse de thé avec des rôties beurrées. Je me lève vers 7 h. 1/2, m'habille tout doucement et monte sur le pont.

A 9 heures, le breakfast. Une espèce de soupe faite avec je ne sais quoi, de l'orge ; on dirait de la panade très épaisse. Ça s'appelle « porridje », j'en prends et regarde mon voisin qui saupoudre de sucre et inonde de lait. Je l'imite. C'est assez fade, mais ça doit se digérer facilement.

Après cela, du poisson grillé, de la langue de bœuf fumée et de la confiture d'orange, voilà ce que je choisis sur le menu.

Comme boisson, deux tasses de café au lait, et, sur une assiette à côté, du pain et du beurre. Délicieux, ce beurre (entre parenthèses).

Tout le temps du repas, on tartine son beurre sur du pain grillé ou du pain noir, et on en mange avec tout, même avec des confitures. Ça n'est pas mauvais.

Après déjeuner, j'écris et lis jusqu'à 1 heure, et c'est le tiffin, autre déjeuner, où on choisit toujours sur un menu varié. Là, on boit de l'eau, ou ce que l'on veut bien s'offrir, vin, bière, etc. J'ai pris une bouteille de bordeaux et je retrouve, après le tiffin, ma bouteille commencée dans ma chambre au pied de mon lit, dans une boîte en bois faite *ad hoc*, et, à chaque repas, elle se retrouvera à ma place à table; cela peut me permettre, entre les repas ou pendant la nuit, de prendre quelques rasades dans ma cabine, ce qui est bien dans les habitudes anglaises.

L'après-midi se passe à lire, apprendre de l'anglais, etc. A 4 heures, thé et gâteaux ; à 7 heures, dîner. Nous sommes une dizaine de passagers, dont deux dames ; aussi, le soir, tous les officiers sont en grande tenue et les passagers en smoking. Là, je mange du veau rôti avec

des pommes de terre bouillies et de la
gelée de groseilles.

Mais je constate que, le soir, les menus
sont écrits en français et le dîner servi à
la française.

Le matin, en dehors de son assiette on
a une autre petite assiette où est le pain,
le beurre, et où on fait ses petits mélan-
ges, mais le soir rien de tout cela.

Les officiers sont drôles avec leur petite veste de garçon de café, ouverte sur
un gilet en cœur avec deux rangs de boutons dorés et un plastron de chemise
éblouissant. J'essaye bien de comprendre
ce qui se dit autour de moi, mais peine
inutile, je ne distingue rien.

Après dîner, je monte sur le pont, me
promène et trouve un Anglais qui parle
un peu français ; nous faisons une longue
conversation.

Lundi 18 avril.

Je fais un petit tour sur le pont ; ce qui
m'amuse, ce sont les Anglais se rencon-
trant le matin. « Gaoud maonningue ».
Ils se disent cela sans se saluer de la
main ou faire le moindre sourire, on dirait que ce n'est pas à vous qu'ils parlent.
Et ceux qui arrivent à table sans avoir
vu personne encore : ils entrent, vont
à leur chaise, s'assoient, et aussitôt,

avec une espèce de petit regard circulaire,
mais sans se dérider, « gaoude maonnigue » ; aussitôt, trois, quatre ou cinq
« gaoude maonnigue » se répondent suc-
cessivement, c'est à se croire transporté à
l'ancienne mare aux grenouilles de Saint-
André.

Moi aussi, je suis arrivé à pousser assez
gentiment mon petit « gaoude maonningue », ce qui fait que je tiens assez bien
ma petite partie dans le concert en question.

Déjeuner comme hier, mais en ques-
tionnant mon voisin et en lui donnant
mon dictionnaire anglais, j'apprends que
cette soupe « porridge » est faite avec de
la farine d'avoine. Va pour de la farine
d'avoine, c'est fade, voilà tout.

Après le breakfast je me mets à écrire
jusqu'au tiffin et tout l'après-midi je po-
tasse mes bouquins anglais. Le soir,
après dîner, je reste une heure et demie
au fumoir à écouter une conversation
ininterrompue entre le capitaine et mon
voisin de table, mais je ne comprends
absolument rien et ne fais qu'y prendre
un fort mal de tête. Un nouvel Anglais
se décide à me dire quelques mots en
français. C'est un prestidigitateur qui
était à Hong-Kong et s'en va au Japon.

Mardi 19 avril.

Le temps est gris ce matin; il a fait
très beau hier, une mer d'huile, mais aujourd'hui c'est très humide, et il pleut
même un peu. Le soir, le vent se lève et
souffle avec violence, ce qui fait remuer
le bateau pas mal et occasionne quelques
places vides à table.

Mercredi 20 avril.

Toujours mauvais temps et froid. On
ne peut pas faire grand chose de ce temps,
il est impossible d'écrire et difficile de
lire. Je cherche toujours à comprendre
ce qui se dit en face de moi, mais sans
plus de succès. Décidément ce voyage en
bateau anglais ne suffira pas à me perfectionner dans la langue anglaise. Jus-
que-là seulement, deux Anglais m'avaient
fait voir qu'ils connaissaient le français,
un autre me dit quelques mots et aussi
une jeune miss qui voyage avec son papa.
Ce dernier sait aussi un peu de français,
mais il n'ose pas le parler. Un Américain qui est à table en face de moi m'offre, pour lire, un livre anglais sur le Japon; il me dit aussi quelques mots de
français, assez mal, mais enfin il arrive

à se faire comprendre. La journée se passe tant bien que mal à être ballotté de droite et de gauche.

Jeudi 22 avril.

Je me lève de bonne heure, car nous arrivons en face des îles du Japon. Le soleil est levé et le paysage est très joli. Des îles accidentées et boisées surgissent de toutes parts. Elles sont vertes et se découpent sur le ciel en formes bizarres. Nous entrons dans un détroit bordé de chaque côté par ces îles, sortes de montagnes descendant en pentes rapides, quelquefois à pic jusqu'à la mer.

Des villages s'aperçoivent cependant à flanc de coteau. Afin de pouvoir cultiver, les habitants ont creusé la montagne pour former des suites de terrasses faisant des espèces d'escaliers à larges marches du haut en bas et où on voit déjà le blé tout vert, cela forme une suite de plates-formes d'un vert tendre, et de ci de là des pins bizarres aux feuilles d'un vert sombre, des morceaux de rochers ; c'est absolument ravissant et d'une variété infinie de formes. Mais le pilote arrive dans son bateau, il s'accroche après nous et nous dirige jusqu'en vue de Nagazaki, où nous jetons l'ancre.

Le bateau du service de santé arrive et

deux ou trois médecins japonais montent à bord. Comme nous venons de Hong-Kong, où il y a la peste, nous devons être examinés. Déjà nous nous réjouissons de descendre à terre. Quelques-uns sont même tout prêts. Moi, je ne sais pourquoi, je pense qu'il n'y a pas lieu de se presser. Du reste, nous sommes encore loin de Nagasaki, et nous devrons nous en approcher d'avantage. On fait ranger tout le monde sur le pont ; les passagers de 1re d'un côté, ceux de 2e de l'autre, ensuite l'équipage et surtout les matelots, mécaniciens et chauffeurs chinois. L'un d'eux est un peu malade, mais on ne nous a pas dit ce qu'il a.

Les médecins japonais passent devant nous en nous comptant, pour voir si tous ceux qui sont sur le registre du bord sont là. Puis ils vont à l'avant du bateau voir le malade. Bientôt après, on l'apporte sur une civière, il est effrayant à voir, on le descend dans un bateau japonais où sont plusieurs infirmiers et on le mène à terre pour être examiné. On nous laisse entrevoir que peut-être nous allons avoir un jour de quarantaine, aussi ceux qui voulaient descendre à terre peuvent y renoncer pour aujourd'hui. Nous restons donc indécis sur ce qui va se passer, sans savoir que faire jusqu'à l'heure du breakfast (9 heures) pendant lequel s'engagent des discussions sur le malade du matin.

S'il est atteint de la peste, c'est huit jours de quarataine, bigre! Le paysage est joli, mais pendant huit jours c'est trop pour l'admirer. Après le déjeuner, le bateau japonais revient chercher à manger pour le malade. Alors, s'il lui faut à manger, c'est qu'il n'est pas trop malade. Bon espoir! De trop courte durée, hélas! car deux heures après nous apprenions que nous étions en qurantaine pour huit jours. Le Chinois avait bien la peste. Le docteur du bord l'avait bien vu, il avait même passé toute une nuit près de lui, mais n'avait rien dit pour ne pas nous effrayer. Le pavillon jaune est hissé, ce qui indique que nous somm s contaminés et demain matin on nous mènera au sanatorium pour y prendre un bain pendant que nos habits seront passés à l'étuve et qu'on désinfectera le bateau. Ennuyeuse perspective! Un médecin japonais reste à bord pour s'assurer que nous n'essayons pas de forcer la consigne. On complote sur ce qu'on fera pour éviter que nos effets propres ne passent à l'étuve, ce qui abîme tout. Le capitaine nous engage à préparer tout ce que nous voulons sauvegarder et après le dîner auquel assistera le Japonais, il l'entraînera à l'écart et on descendra tout à la cale en ne laissant dans nos cabines que les choses non fragiles.

Pour commencer, nous allons faire

chacun un ballot de notre linge sale que nous remettons au bateau japonais, puis nous traînons jusqu'au dîner en préparant nos malles.

Le dîner n'est pas gai, car c'est un rude contre-temps. Plusieurs, comme moi, comptaient avoir douze à quinze jours à passer au Japon et ne vont plus en avoir que quatre ou cinq. Après dîner, pendant qu'on occupe le Japonais sur le pont, les malles sont descendues à la cale et nous allons nous coucher de bonne heure, car le breakfast de demain est à 8 heures, au lieu de 9, pour la petite promenade.

Vendredi, 22 avril.

Levé à 6 h. 1/2, je constate que j'ai un peu de diarrhée et il fait froid. On a dû monter le poêle dans la salle à manger. Aller en bateau prendre un bain de ce temps, ça n'est pas gai.

Le déjeuner a lieu à 8 heures. Plusieurs costumes excentriques ont été mis par des passagers qui craignent pour leurs effets. Mon voisin a emprunté un costume de toile au capitaine, mais il n'a pas chaud.

On commence par embarquer les Chinois qui reviennent deux heures après. Nous prenons le tiffin avant de partir à notre tour. On rit de la situation. Comme

je ne veux pas mettre mon pardessus, je
prends ma couverture de voyage et me
roule dedans comme dans une robe. Il
faut croire que mon idée paraît bonne,
car presque tous les passagers vont peu
après prendre la couverture de laine blanche de leur lit et reviennent enveloppés
dedans; ce qui provoque encore des éclats
de rire. Moi-même, je redescends remettre ma couverture de voyage pour prendre celle de mon lit. Je mets ma petite
calotte de voyage, et par-dessus une serviette blanche arrangée en turban, comme
les garçons coiffeurs font quelquefois
après vous avoir fait une friction. Je
m'enveloppe de ma couverture blanche
et, majestueux, je remonte drapé comme
un Arabe. J'obtiens un certain succès et
je reste dans cet accoutrement jusqu'au
sanatorium.

Bientôt nous montons en bâteau et
remorqués par un petit vapeur japonais,
nous arrivons au quai de l'établissement,
assez loin de Nagasaki. Nous sommes
tous les passagers de 1re et de 2e ensemble et les officiers; il y a en tout, trois
dames. La femme du prestidigitateur, la
jeune miss et une grosse bonne femme
qui est aux 2e avec son mari. J'admire
l'attitude de la jeune miss qui a conservé
sa gaité au milieu de ces péripéties.
Arrivé au sanatorium, on nous fait entrer
dans une grande pièce au fond de laquelle

cinq cabines pour se dévêtir. On commence
d'abord par remettre sa montre et ses
objets précieux à un japonais qui les met
dans un petit sac bleu numéroté et vous
remet un jeton de cuivre portant le même
numéro. Ensuite, entrant dans une cabine,
je trouve sur une chaise une corbeille
rectangulaire contenant un sac de toile
numéroté dans lequel la corbeille peut
entrer, une serviette, une robe japonaise en toile à fleurs bleues et une paire
de sandales. Je revêts la robe japonaise
et mets mes effets dans la corbeille qui
qui est ensuite placée dans le sac.

A un cordon du sac est un anneau numéroté qu'on se passe au doigt. On est
alors dirigé dans une chambre à côté où
sont les cabines de bain, pendant que les
sacs d'effets sont dirigés à l'étuve. A chaque sortie de la première cabine, revêtu
de la robe japonaise, on est salué d'éclats
de rire des autres attendant leur tour.
Dans la cabine de bain se trouve une
grande auge en pierre dans laquelle coulent constamment deux robinets d'eau
chaude et froide. Après le bain, ou plutôt
une espèce de douche hollandaise, avec
un bassin de cuivre, je trouve dans l'entrée de la cabine une corbeille contenant
une grande serviette éponge, une robe
japonaise en flanelle et une autre en
laine ouatée, des chaussettes de laine
rouge, fabrication anglaise, et des san-

dales. Ainsi vêtu, je sors de ce bâtiment pour monter un escalier couvert de 50 à 60 marches et arriver devant un autre corps de bâtiment ; l'établissement étant à flanc de côteau au bord de la mer. Un large couloir ciré avec tapis au milieu et tout le long, à droite et à gauche une série de chambres tapissées dans lesquelles nous nous rhabillerons tout à l'heure. Enfin, au fond, une grande salle carrée et cirée : au milieu, une longue table de 25 couverts où sont déjà assis mes compagnons ayant terminé avant moi ; tous en robes japonaises plus ou moins variées et attablés devant une tasse de thé avec du lait et des cigares. Une bonne japonaise fait le service en riant, de sa bouche grande ouverte qui nous montre ses superbes dents noires comme l'ébène. Nous prenons notre thé en nous esclaffant à chaque nouvelle entrée d'un nouveau japonais d'occasion.

Mais les habits tardent à revenir, alors comme devant la pièce est une terrasse allant tout le long du bâtiment et au-dessus de la mer et qu'il fait moins froid que le matin, nous allons nous y promener en traînant nos sandales. Enfin, les premiers sacs arrivent, je reconnais le mien et l'emporte dans une chambre, je l'ouvre anxieusement. Je tire ma chemise de flanelle, tout fume en sortant. Elle est un peu jaunie ma chemise et mon col en celluloïd est tout cassé et jaune comme une orange. Mes effets sont d'un froissé inimaginable et quand je sors affublé de tout cela, c'est une hilarité énorme. Mais les autres sont bientôt logés à la même enseigne et, quand nous revenons au bâteau, nous avons l'air d'une bande de chiffonniers. Nous nous précipitons dans nos cabines, mais il n'y a rien de dérangé. Somme toute, c'est une fumisterie, cette désinfection, et, ça ne peut donner d'autre résultat que de contrarier les passagers et leur abimer leurs effets. Enfin, c'est passé, nous allons être tranquilles, trop tranquilles pendant huit jours. Je vais pouvoir étudier l'anglais; la jeune miss qui parle bien français, m'offre de parler avec moi, car elle désire aussi se perfectionner en français. Le dîner se passe en faisant des allusions aux incidents de la journée; la soirée également, et chacun va se coucher, résigné.

Samedi 23 avril.

Il fait un temps superbe, c'est au moins une compensation. En allant sur le pont, je vois les matelots entrain de gréer deux petites embarcations du *Rohilla*. J'apprends que le capitaine a donné l'ordre de préparer ces bateaux pour que nous puissions nous distraire un peu en faisant de petites promenades sur l'eau, mais sans atterrir.

Après le tiffin, au moment où je me mets à écrire, l'Américain arrive me dire : « Messé voul vou véné avé moi dans petit bateau ».

Je lâche la plume et y cours. Je prends place près du barreur, qui est un officier. Les tireurs (c'est un canot à avirons) sont: 1° un passager qui voyage pour son agrément. C'est un ancien officier de l'armée anglaise, grand et sec, âgé de 51 ans. On ne les lui donnerait pas ; le 2e est l'Américain ; le 3e, un grand Anglais, flegme, et à l'air maladif ; le 4e, un autre jeune Anglais, mon voisin de table, tous passagers, et le docteur du bateau. Et nous voilà partis, tous tirant comme des enragés sur des avirons, presque comme des poteaux télégraphiques. Ces braves gens tirent l'aviron pendant une heure ; on va même chercher le bateau à voiles où est monté le capitaine avec les autres passagers, et qui est en panne faute de vent, et on le ramène, ce qui doit augmenter sensiblement la charge qui est déjà bonne, comme j'ai pu m'en assurer le lendemain. Nous rentrons au bateau un peu ragaillardis par cette petite sortie.

Le soir, au salon, la dame du prestigitateur qui a une très jolie voix, nous chante une série de romances anglaises

dans lesquelles je ne distingue que :
« My love, I love you etc., car dans toutes
les romances anglaises, le mot love est le
plus fréquemment employé. Néanmoins,
c'est très joli et cela fait passer un bon
moment. On me prie de faire de la musique et je m'exécute; bref, la soirée se
passe plus gaiement.

Dimanche 24 avril.

Beau temps également.

Je vois affiché, qu'un service sera fait
à 11 heures, dans le salon de musique.
Or le salon a tout au plus 3 mètres sur
4 et est très bas de plafond. Je me promène sur le pont et assiste à la revue de
tout l'équipage, par le capitaine et les
officiers en grande tenue. Ils sont suivis
par les trois ou quatre médecins japonais
qui viennent tous les jours. Tout petits
ces japonais et habillés tout de noir.
Dolman de drap noir, sans boutons, mais
agrafé devant, culotte noire collante et
casquette marine noire avec un ou deux
galons d'or. Plusieurs parlent un peu
l'anglais; Ah ! cette langue anglaise, on
peut aller partout avec. C'est pour cela
que les anglais n'en apprennent en général pas d'autre. En passant près du salon,
je vois qu'on a recouvert la table avec le
pavillon du bateau et des livres sont dis-

posés tout le long du canapé qui fait le tour du salon. Miss me demande si j'irai à la cérémonie, je lui dis que non, par crainte d'être irrespectueux, en riant de ce spectacle nouveau.

Elle me dit qu'elle a constaté que les Français ne se moquaient cependant jamais, lorsqu'un étranger parle mal en demandant un renseignement, tandis que les Anglais, lorsqu'un étranger parle mal en anglais, se tordent avant de lui répondre, ce qui n'est pas poli. De là sans doute leur hésitation à se décider à parler à un étranger dans sa langue, quand ils la connaissent un peu. La cloche sonne, c'est la cérémonie qui va commencer. Le capitaine préside et tous les passagers et officiers y sont. L'un d'eux est au piano et ils chantent des cantiques religieux accompagnés par le piano. Entre temps, j'entends la voix du capitaine qui lit la bible et des prières où il y a des réponses.

J'entends et vois cela par les fenêtres ouvertes ; c'est très curieux.

Au bout d'une demi-heure, la cérémonie est terminée et nous allons bientôt au tiffin. Après quoi nous montons en bateau, je prends un aviron, c'est le capitaine qui barre, et il trouve que c'est moi qui tire le mieux ; du moins cela m'est répété plus tard par la jeune miss. Nous arrivons au sanatorium et montons de

suite au bâtiment qui domine la mer et
où est la grande salle. Quelques-uns avec
le capitaine ont obtenu de franchir les
clôtures en ficelle et sont montés jusqu'en
haut de la coiline boisée. Moi, pour cette
fois, je suis resté en bas avec les autres et nous préparons le thé; quand les
promeneurs reviennent nous prenons le
thé avec des gâteaux, beurre, etc... puis
nous rentrons au bateau. Le reste de la
journée se passe sans incidents.

J'ai oublié de dire qu'hier nous avons
eu connaissance de la dépêche annonçant
la guerre déclarée entre l'Espagne et l'A-
mérique.

Il y avait cinq bateaux américains dans
les environs de Hong-Kong qui ont dû se
précipiter sur Manille. Aujourd'hui nous
espérions des nouvelles, mais rien.

Lundi 25 avril.

Le temps est gris comme s'il voulait
pleuvoir et justement nous devons aller
en bateau pendre le tiffin d'une heure et
le thé de 4 heures à terre, toujours au
sanatorium, puisque nous n'avons pas le
droit d'aller ailleurs. Tant pis, un peu
après le déjeuner de 9 heures, nous montons dans un bateau et partons.

Cette fois, je monte en haut de la montagne avec les autres. C'est une véritable

ascension qui me rappelle la petite grim-
pette de Saint-Roch près Chaumont. La
pente est très raide, comme un escalier,
et dans beaucoup d'endroits des roches
qui sortent de terre tiennent lieu de marches, et de marches élevées, il faut lever
les pieds. C'est à travers un bois de pins
et d'autres arbres très épais, nous empê-
chant de voir derrière nous. Mais nous
arrivons à une première terrasse et la vue
est splendide, admirable, au loin, en
avant, le fond de la baie profonde faisant
le port de Nagazaki.

Beaucoup de bateuux, navires et vaisseaux de guerre sont amarrés là, côte à
côte, se détachant sur les maisons de Nagasaki qui semblent elles-mêmes grimper à l'assaut des montagnes, formant le
fond du tableau.

Nous montons encore plus haut, tout
en cueillant des violettes, des fleurs de
fraisiers et comme de l'aubépine blanche
et des boutons d'or.

Plus nous montons, plus la vue est belle,
et nous ne pouvons nous empêcher de dire
que si on n'était pas forcé de rester là,
on y resterait bien par plaisir. Nous nous
décidons cependant à descendre, ce qui
est bien plus difficile que de monter, à
cause des glissades, mais, sauf un ou
deux accidents sans gravité, nous sommes revenus à la grande salle où le tiffin
est servi. Des langoustes délicieuses, de

la langue de bœuf conservée qui pourrait lutter avec avantage avec celle de Troyes, et des pickles. Nous mangeons dans la faïence japonaise. Ce sont des assiettes blanches avec quelques fleurs bleues jetées ici ou la, tantôt sur un côté du fond de l'assiette, tantôt sur un côté du bord.

Le tiffin est fort goûté. Je mange avec un appétit terrible. Ensuite, nous nous repromenons jusqu'à 4 heures, nous refaisons le thé et rentrons au bateau. Quel dommage que le soleil ne se soit pas mêlé de la partie au lieu d'un temps gris et froid.

Mardi 26 avril.

Aujourd'hui le temps est superbe. Nous nous promenons sur notre prison flottante, je lis de l'anglais avec la petite miss, mais je ne constate pas que je fasse beaucoup de progrès. Je ne comprends toujours pas mieux la convérsation. Je vais écrire mon journal.

Après le tiffin, nous remontons en bateau pour aller prendre le thé à terre. Nous regrimpons la montagne en emportant tout ce qu'il faut et, là-haut, sur un plateau ombragé de grands arbres, qui devait être un fort autrefois, car il est bordé par des murs de quinze pieds de haut, nous allumons un feu de bois pour faire chauffer la bouillotte à thé. Je prends deux ou trois clichés, un de notre prison flottante que nous dominons, et un autre de la scène du thé, avec au fond la vue du port de Nagasaki. S'il y a assez de lumière, ce dont je doute, ce sera merveilleux.

J'attrappe un des nombreux papillons que nous voyons ; ils sont tous tout noir, avec quelques points et raies qui ont l'air en or ; je le place précieusement dans du papier de soie en souhaitant qu'il se conserve pour un jeune collectionneur de mes amis. Nous restons longtemps assis sur le rebord du mur qui entoure le terrain où nous sommes et, les jambes pendantes dans le vide, nous regardons le spectacle admirable que nous avons à nos pieds.

Nous dominons l'entrée de la baie formant le port, de sorte qué tous les bateaux qui touchent Nagasaki entrent et sortent en passant devant nous. Nous voyons partir le *Doric* où se trouve M. C... qui me conseillait de partir avec lui. Puis vient un cuirassé russe, la visite sanitaire a lieu en face de nous. Le cuirassé entre au port où bientôt il salue le drapeau japonais de cinq à six coups de canon. Un autre cuirassé russe, mais plus petit que le premier, arrive bientôt après et des bateaux japonais, facilement reconnaissables à leur pavillon blanc, avec une grosse boule rouge au milieu, et des sampans et des jonques aux voiles bizarres et à la forme étrange. C'est un va-et-vient perpétuel. Mais les plus curieux sont les sampans à avirons. Les avirons sont faits en deux morceaux. La partie de la palette est reliée au manche de manière à former un angle très obtus avec lui ; on accroche simplement dans un petit tacket en bois, et l'autre partie près des poignées est maintenue par une corde au bateau. L'homme ou la femme est debout et imprime à l'aviron un mouvement de va-et-vient qui le pousse sans arrêt. Ils peuvent être cinq, huit, dix rameurs ; ça va toujours sans qu'il soit besoin qu'ils tirent tous avec ensemble. C'est pourquoi hommes, femmes et enfants peuvent y mettre la main, chacun avec la force qu'il possède. Mais le signal du départ est donné, nous redescendons et rentrons à notre bateau. A chaque voyage nous rapportons une gerbe de fleurs qui agrémentent la table de belles corbeilles.

Jeudi 28 avril.

Le temps est toujours beau, aussi dès le matin, quelques passagers vont faire un tour de canot. J'ai oublié de dire que le pauvre Chinois descendu à terre, ma-

lade de la peste, était mort deux jours
après notre arrivée, De là les mesures ri-
goureuses prises. Nous avons été gardés
nuit et jour par un petit sampan contenant un garde japonais. Mais des provisions fraîches sont apportées tous les ma-
tins et le poisson surtout est délicieux.
Après le tiffin de une heure, nous partons en canot. C'est moi qui tient ia
barre et, comme arrive un grand bateau
de guerre allemand, nous obliquons un
peu pour nous en approcher. Ils ont
adopté les couleurs anglaises, ce qui fait
bisquer mes compagnons; bateau blanc
et cheminées jaunes, et quand on reconnaît que c'est un allemand : « Allons-
nous-en, dit l'un, ce n'est qu'un allemand ».

Ils m'avouent que depuis quelque
temps ils n'ont aucune sympathie pour
les Allemands, tandis que pour les Français, c'est différent. Je tiens donc la barre
du canot et oblique brusquement du bateau allemand vers le sanatorium. Nous
montons à la terrasse que nous avons
adoptée pour faire le thé et nous nous
mettons immédiatement en quête de bois
mort pour faire le feu. Chacun s'y met,
même la jeune miss qui revient au bout
d'un bon moment avec une brassée de
bois bien coupé. Un officier est avec elle
et en a encore plus. En cherchant, ils
sont arrivés à un endroit où des bûche-
rons avaient préparé du bois pour mettre

en fagots et, comme ils n'avaient rien
pour le rapporter, l'officier a déchiré son
mouchoir en trois bandes avec lesquelles
il a lié les trois fagots. Et voilà ! Déjà le
feu est allumé et fume, mais nous attendons la deuxième fournée de passagers
que le canot est retourné chercher. Ils
arrivent bientôt après.

Le docteur du bateau porte un panier
rempli de provisions, un autre porte une
énorme cafetière, un autre la théière en
porcelaine. Pendant que l'eau chauffe,
miss et Mme H... étendent sur des tartines de beurre un pot de confitures de
fraises et deux assiettes de ces tartines
sont bientôt préparées. Nous sommes
assis sur l'herbe, quand tout à coup, en
se reculant, Mme H..., qui a une robe
de piqué blanc, s'asseoit en plein sur une
assiette de tartines de confitures de fraises. Je crie : « Prenez garde ! » Il n'est
plus temps. Elle se retourne et nous
montre un tableau désopilant. La robe a
un placard de fraises, non ! c'est à se
tordre, mais pendant que je ne pense
qu'à m'esclaffer, un officier anglais tient
la robe tendue avec la main, tandis qu'un
autre gratte le placard avec un couteau,
et cinq minutes après on n'y pensait
plus. En France, la dame aurait encore,
je crois, sa robe tachée et les assistants
seraient encore entrain de se tenir les
côtes.

Et nous nous remettons à la préparation du thé, que nous dégustons peu après, avec les fameuses tartines, tout en voyant passer un énorme vaisseau russe à quatre cheminées et le pont tout couvert de soldats.

Pendant ce temps, le bateau allemand que nous voyons ancré, près des deux russes, arrivés précédemment, salue de six coups de canon le drapeau japonais. Quel spectacle grandiose et magnifique avec ce soleil resplendissant, ça fait presque regret de quitter cela demain.

Nous remballons les ustensiles et retournons au bateau. Le soir je développe deux ou trois clichés avec M. C..., qui a pris une vue du groupe admirablement venue; il me promet de m'en envoyer une.

Vendredi 29 avril.

La matinée est belle, et nous allons en canot faire le tour des deux îles que l'on voit proches de nous.

Après le tiffin, les médecins japonais viennent et nous délivrent de notre quarantaine ; le pavillon jaune est enfin descendu aux acclamations des assistants et, bientôt après, l'ancre levée, nous partons au port de Nagasaki. Nous entrons et voyons à gauche les trois vaisseaux russes ; à droite, le cuirassé alle-

mand et deux ou trois bateaux anglais,
mais pas un seul français. Je vois cependant le drapeau français flotter au-dessus
du consulat, et je le salue de loin. Je n'ai
pas reçu de passeport, j'ai donné mon
nom au capitaine, qui a dû l'envoyer au
consul de France en même temps que
ceux des Anglais et Américains à leurs
consuls ; ils ont leur passeport depuis
deux jours et moi, non. En arrivant, je
vais à l'agence où l'on me dit qu'il faut
que j'aille moi-même au consulat, ce que
je fais. Je trouve le consul, qui est un
M. S..., d'Arc-en-Barrois, en voyant son
nom, je lui ai demandé s'il n'était pas
Haut-Marnois. Il a bien connu mon grand'-
père, de nom tout au moins. Il me dit que
la demande de mon passeport ne lui a pas
été transmise et qu'il faut télégraphier à
Kobé. Il me rédige un télégramme que je
vais porter et me donne beaucoup de
renseignements sur le Japon. Je vais ensuite me promener par la ville en admi-
rant les boutiques curieuses et qui se
suivent sans interruption. Mais j'ai perdu
les autres passagers et je suis obligé de
me promener seul jusqu'à 6 heures et
demie, où je rentre au bateau par la chaloupe.

Après le dîner je vais voir charger le
charbon, ce qui est excessivement curieux. Le charbon japonais est très fin,
mais comme il est un peu humide, il ne

dégage pas de poussière. On le met dans de petites corbeilles qui sont passées de main en main par quatre chaines de coolies, hommes et femmes. Et ça court ce panier, on n'a pas le temps de le suivre tellement il va vite. Et dans la chaine on voit de jeunes femmes, des gamines et tout cela va travailler peut-être jusqu'à minuit, depuis trois heures où nous sommes arrivés. Les paniers sont vidés à l'arrivée, dans un baquet posé sur une balance. Aussitôt que le plateau baisse, le baquet bascule et vide le charbon dans la cale, tandis que huit scribes chinois, deux par balance (il y en a quatre), inscrivent les pesées. Mais celà va si vite. Les paniers arrivent aussi vite qu'on peut les comster, 1, 2, 3, 4..., et sont rejetés vides sans regarder. Ils tombent où ils peuvent, sur la tête des coolies qui font la chaine, ça ne fait rien, ils en rient sans s'arrêter de passer les paniers. C'est tout à fait incroyable et j'y retourne plusieurs fois dans la soirée.

Samedi 30 avril.

Il fait assez beau, le bateau est reparti à quatre heures du matin et nous nous retrouvons en pleine mer. On distingue cependant vaguement la côte. Nous voyons passer plusieurs bateaux, dont un steamer français des messageries maritimes; c'est l'*Indus* qui revient de Yokohama, et que j'aurais voulu prendre le 12, à Hong-Kong. Je salue le drapeau Français qui échange un salut avec le pavillon Anglais du *Rohilla*. Je voudrais pouvoir lui remettre une lettre pour Troyes, mais je n'ai plus le bras assez long et elle n'arriverait guère que deux ou trois jours avant moi.

On a affiché, il y a deux jours, que nous devions payer notre nourriture pendant la quarantaine, soit 20 shillings par jour, 70 shillings 90 fr. environ. Cela est marqué dans tous les livrets de conditions de passage. Si par une avarie quelconque on est obligé de stationner pendant plusieurs jours, les passagers sont tenus de payer un surplus suivant le nombre de jours.

Mais le major anglais ne veut pas entendre parler de cela, il me demande si je pense comme lui. Bien sûr que je ne tiens pas à payer.

Nous allons protester, dit-il, et nous ne paierons pas. Il a télégraphié de Nagasaki à l'agence à Yokohama en disant que nous protestions, nous aurons une réponse à Kobé.

D'abord, le *Rohilla*, à cause du retard, ne peut plus aller jusqu'à Yokohama; nous allons donc être obligés d'aller de Kobé à Yokohama sur un autre bateau ou par chemin de fer. Cette deuxième perspective ne me déplaît pas ; j'avais l'intention de le faire pour traverser ainsi tout le Japon. La journée se passe à causer de cela. Il y a une difficulté pour moi, c'est que je n'ai plus d'argent et je ne pourrai toucher qu'à Yokohama, je crois. Si je le voulais, je ne pourrais payer l'indemnité de quarantaine. J'en parle à l'Américain qui a son programme tout tracé. Il doit aussi prendre l'*Empress of India* le 6 mai à Yokohama, il ne lui reste donc plus grand temps pour voir le Japon, mais il faudra quand même qu'il voie tout. Il a étudié à fond ses guides et connaît son affaire. Nous arriverons demain, dit-il, à Kobé, vers midi ; l'après-midi je visiterai Kobé, lundi matin Ōsaka ; je serai le tantôt à Kioto, l'ancienne capitale ville la plus intéressante. J'en repartirai le mardi dans la journée pour Yokohama, je m'arrêterai coucher en route pour voyager de jour et voir le paysage. J'arriverai à Yokohama mercredi soir, irai visiter Tokio, la capitale actuelle le jeudi, j'aurai le vendredi matin pour voir Yokohama et à midi à bord de l'*Empress of India*.

J'irais bien avec vous, mais je n'ai plus d'argent. J'en ai pour deux pour cette traversée, en voulez-vous ? Accepté ! et voilà comment je vais visiter le Japon avec un Américain.

Dimanche 1ᵉʳ mai.

Temps très brumeux, ce qui nous empêche de bien voir les îles innombrables de la mer intérieure du Japon. Nous rencontrons des masses de barques de pêcheurs que nous faisons danser quelque peu au passage.

Nous pensions arriver à midi, mais à midi le capitaine me dit que ce ne sera que pour 2 heures 1/2. Nous arrivons en vue de Kobé à 2 heures 1/2 ; le bateau sanitaire arrive, nouvelle revue, pourvu qu'un autre chinois ne soit pas malade. Non, heureusement, mais avec toutes ces formalités, nous ne serons pas à quai avant 4 heures. Je vois la malle française, « Le Laos », qui va à Yokohama, je pourrais y faire transporter mes bagages et filer avec. Cette idée me tente un peu, mais je ne traverserais pas le Japon ; j'y renonce.

Enfin nous sommes à quai à 4 heures. L'agent de la compagnie monte à bord et va causer avec le capitaine qui lui a télégraphié que quelques passagers se mutinaient pour payer.

Nous attendons encore une demi-heure la décision ; mais, fatigué, je fais porter ma valise à l'hôtel Oriental et j'y vais ; je saurai cela plus tard. Mon Américain y arrive peu après moi et nous partons de suite, chacun dans un pousse-pousse, visiter le temple principal de Kobé et la cascade voisine.

Pour la cascade, nous grimpons la montagne pour mieux la voir ; il fait chaud, bien qu'il pleuve un peu, mais enfin nous arrivons à une maison de thé, juste en face de la chute et à flanc de coteau à pic.

C'est très pittoresque de ce point. Deux Japonaises nous offrent du thé et des gâteaux que nous prenons en regardant le paysage et essayant de causer japonais. Mon Américain a appris quelques mots qu'il place, mais il ne comprend pas les réponses. Le temps passe, nous redescendons la montagne et faisons encore courir nos pauvres pousses jusqu'à Hiogo où nous visitons un autre temple et nous rentrons à l'hôtel à sept heures du soir. Voilà du temps bien employé.

Le lendemain matin mon Américain doit partir et il me demande si je serai prêt, lorsque je pense que je n'ai pas de passeport. Il me dit : « Eh bien ! allez chez votre consul, il doit être prêt. — Mais, c'est dimanche, et il est neuf heures du soir. — Oh ! cela ne fait rien ; pour cela il n'y a pas d'heure. Et effectivement, un Anglais ou un Américain le ferait ainsi. Je vais du côté de chez le consul, mais il pleut, la rue est noire et je ne vois ni

plaque de sonnette, ni lumière ; j'y renonce pour ce soir. Je ne m'arrêterai pas
à Osaka et de ce temps je ne le regrette
pas.

Lundi 2 mai.

Je me lève et vais à la fenêtre ; il fait
un temps de chien. J'ai très bien dormi
dans un bon lit, la chambre est très confortable. Lumière électrique au milieu,
lampe électrique sur la table de nuit, etc.
Le maître d'hôtel est Français.

A 9 heures, je vais chez le consul de
France, je ne vois que son secrétaire, espèce de vieux rond de cuir qui me dit
que le passeport n'est pas prêt, parce que
sur la dépêche de M. S... il n'y avait ni
prénom, ni profession. C'est idiot, car
cela ne sert à rien, il aurait pu mettre un
prénom quelconque et une profession.

M. S... avait mis : « Préparez passeport pour D..., passager du *Rohilla.*
Service personnel ». Il avait ajouté les
deux derniers mots après coup, pour être
sûr que je l'aurais, connaissant le consul
de Kobé pour être un peu administratif.

Joli succès ! Il fallut donc que le scribe
remplît un formulaire de demande et
qu'ensuite j'aille à l'hôtel de ville japonais, situé au diable avec cette demande.
Mais là j'ai été servi assez rapidement,

quoique ces Japonais soient encore plus administratifs que nous. Enfin, me voilà rentré à l'hôtel en règle. Je déjeune, car le train part à midi. Ah ! la veille au soir j'ai appris que nous avions obtenu gain de cause auprès de la Compagnie, qui ne nous fait pas payer la nourriture de quarantaine et nous donne un billet pour Yokohama par chemin de fer. J'ai donc été au bureau de la Compagnie et ai retiré mon billet de chemin de fer, mes gros bagages seront mis sur le *Canton*, qui part demain pour Yokohama. A midi, je me rends à la gare et retrouve trois Anglais du bateau ; je monte avec eux.

L'Américain, malgré ce temps de chien, est parti le matin ; nous devons le reprendre à Osaka et lui remettre son billet de chemin de fer.

Nous partons ; dans notre compartiment de 1re il y a assez de monde, d'abord nous quatre, un autre groupe d'Anglais, et deux ou trois Japonnais europanisés. C'est un wagon avec banquettes de côté, comme dans un omnibus. Au fond, les W. C., très confortables, avec cuvette pour se débarbouiller, savonnette, serviettes et en outre une carafe d'eau et un verre, grande glace. Le wagon est éclairé à l'électricité.

Ils ne sont pas en retard, ces Japonais. Du reste, ce qu'il y a de curieux dans leurs villes, c'est le nombre prodigieux de fils télégraphiques électriques, téléphoniques. Ils voyagent énormément. Aussi les secondes sont bien garnies et les nombreux wagons de troisième sont bondés dans tous les trains que nous rencontrons.

Nous arrivons à Osaka à 1 heure. Nous regardons partout sur les quais, mais pas d'Américain.

Le train repart. Osaka est la ville la plus industrielle du Japon. Dire le nombre de cheminées d'usine qu'on voit, est impossible. C'est inouï et Troyes, qui paraît en avoir beaucoup est de la Saint-Jean à côté. C'est une grande ville très étendue. Le temps semble s'éclaircir un peu ; de chaque côté de la voie les champs sont cultivés avec un soin très grand ; on dirait qu'on traverse des jardins maraîchers plutôt que d s champs. Tout est tiré au cordeau. Comme le terrain est très humide, ils sont obligés de faire de grosses ornières les unes à côté des autres par où l'eau s'écoule. Entre deux ornières il y a un petit talus semé de blé, d'orge ou de navette.

Ce qu'il y en a de la navette ! des étendues très grandes et comme elle est fleurie en ce moment, cela produit d'énormes taches jaunes.

Tout le reste est d'un beau vert de différents tons, du plus tendre au plus foncé, et au fond la chaîne de montagnes très variées de formes et de couleurs, tantôt plantées de pins vert sombre là des rochers marron, ici du sable, et plus loin des pics élevés ont leur sommet couvert de neige. Tout le long de la voie, des maisons, des villages qui semblent se tenir les uns aux autres tellement ils sont rapprochés et des gens partout dans les champs. Un petit filet d'eau sort-il de la montagne, vite il est recueilli dans une conduite en bois qui l'amène tomber sur la roue d'un petit moulin. Pas un pouce de terrain cultivable n'est perdu. Nous arrivons à Kioto à 3 heures, nous prenons des pousse-pousse et, après une bonne demi-heure de trot, nous arrivons à l'hôtel.

Sur le registre où nous inscrivons, nous voyons que notre Américain nous a précédés.

Kioto est l'ancienne capitale du Japon, c'est l'une des villes rares restées japonaises. Malgré cela, un tramway électrique sillonne les rues nombreuses. La ville est excessivement étendue. Cela ressemble à une série de travées d'un immense champ de foire. Toutes les maisons qui n'ont qu'un tout petit premier étage, sans grenier, forment au rez-de-chaussé une boutique ou un atelier tout grand ouvert, et il y en a, toujours et toujours, avec de grandes lanternes japonaises en papier, surmontées d'un parasol, également en papier, pour garantir la lanterne de la pluie. Et les gens aussi ont presque tous de ces parasols, même ceux qui traînent des voitures à bras.

Du reste il pleut. Leurs voitures à bras ressemblent à des charrettes de tonnelier, mais sans grands bras, une simple poignée de chaque côté ; l'homme qui traîne est par côté. A droite, par exemple, il tire de la main gauche, tandis qu'une corde passée à son épaule droite est rattachée au chariot un peu en arrière, il a donc sa main droite libre pour tenir son parasol. Les rues sont étroites et animées, de sorte que les pousse-pousse sont obligés de crier à chaque instant pour faire déranger les gens et avant le tournant des rues pour prévenir des rencontres : « Oh ! oh ! oh ! » Ça fait un potin et ils courent au milieu de tout cela.

Nous allons visiter le plus grand temple. C'est colossal, ces dômes en bois sculpté, et l'intérieur tout en laque ou en or ou en laque d'or, c'est d'une richesse inouïe ! On nous met des chaussons de toile par dessus nos souliers pour y pénétrer et nous passons plus d'une heure à admirer.

Plusieurs temples se rejoignent et, dans les galeries, c'est une suite de chapelles avec peintures ou dessins sur laque, de toute beauté.

Nous montons voir l'énorme cloche en

bronze qui est à mi-côte et recouverte
d'un dôme en bois, puis nous redescendons des escaliers énormes en pierre,
dont les marches ont une hauteur double
des nôtres, ce qui nous fait lever les
jambes en montant et sauter en descendant, ce qui est assez fatigant.

Ensuite, nous allons visiter un fabricant d'objets en cloisonné et voyons comment cela se fabrique. Quel travail, grand
dieu ! Il faut l'avoir vu pour s'en douter.
Un simple vase de trente centimètres de
hauteur demande jusqu'à cinq mois de
travail ; aussi, tout est fort cher.

Nous nous promenons à travers la
ville jusqu'au dîner et, ensuite, nous
allons voir des danseuses japonaises.
C'est très original, ces petites mousmés
faisant leurs petits gestes mignons et
leurs petites révérences pendant qu'un
quatuor d'espèces de grandes guitares
jouent des airs au rythme étrange. Tout
en regardant et écoutant, nous prenons
du thé dans des tasses minuscules, assis
par terre sur de petits tapis. Comme
nous n'avons pas l'habitude de sièges
aussi bas, nous sommes bien vite fatigués
et cherchons sans y parvenir une bonne
position. Ça ne vaut pas un bon fauteuil
d'orchestre, mais c'est plus couleur locale.
Nous allons nous coucher, car il faut
partir demain matin, à 8 heures, et
déjeuner auparavant.

Les crdres sont donnés pour que l'on nous réveille à 6 heures et demie pour le bain, car le bain quotidien est une tradition japonaise.

On nous servira à déjeuner à 7 heures et on nous préparera un panier pour le voyage, car, en route, on ne trouve que de la nourriture japonaise qui nous rendrait malades, nous qui n'y sommes pas habitués.

Mardi 3 mai.

A cinq heures et demie. Pan, pan. Voilà ! je regarde ma montre, il est trop tôt, j'ai encore une heure. Un quart d'heure après, pan, pan, pan..., je vais ouvrir, le boy japonais, « Bath is ready », le bain est prêt et il se précipite ouvrir mes fenêtres grandes. Il me faut me lever et aller au bain qui est bouillant. Je le fais refroidir, le prend et reviens m'habiller, de sorte qu'à six heures et demie, je suis prêt et mes compagnons aussi, obligés d'attendre après le déjeuner. Le départ à lieu à huit heures moins un quart et nous prenons place dans un grand wagon. A l'autre bout sont deux anglaises et un anglais en tenue de cycliste. Nous partons et longeons bientôt le lac Biwa, le coup d'œil est magnifique, le temps est bas de sorte que les

nuages coupent les montagnes en deux.
Tout le long du trajet, paysage comme
précédemment.

Champs admirablement cultivés et des
villages se suivant toujours et toujours.
A midi, nous nous installons pour manger. Chacun a une petite boîte carrée en
bois garnie de provisions.

A côté de nous, un japonais habillé à
l'européenne, a acheté à un marchand,
dans une gare, deux petites boîtes en bois
pour quelques sous. Dans l'une, il y a du
riz cuit à l'eau et, dans l'autre un tas de
petits ingrédients, deux petits bâtons en
bois ; il fait aussi son petit déjeûner.

A l'autre bout, les autres Anglais, qui
doivent voyager souvent ainsi, ont, dans
un grand panier *ad hoc*, toute une installation : vaisselle, couverts, linge, etc. On
dirait que nous sommes en wagon-restau-
rant.

Vers 4 heures, à une grande station,
deux de nous achètent chacun une théière
en terre vernie, remplie de thé chaud,
avec une petite tasse, pour trois sous, et
nous avons ainsi une douzaine de petites
tasses de thé à boire. Le soir, vers 7 heures, même répétition que pour le déjeuner.
Nouvelles boîtes garnies de viandes froides.

Le trajet commence à être long et nous
n'arrivons qu'à 10 h. 20 du soir. Je prends
deux pousses et demande l'hôtel Oriental. Deux Anglais vont au Club-Hôtel ;

l'Américain au Grand-Hôtel. Me voilà parti seul dans un pousse, tandis qu'un deuxième mène ma valise et ma couverture. Il est 10 h. 1ι2 et ça me fait un drôle d'effet de me trouver seul à cette heure, au milieu d'une ville japonaise ; après une bonne heure de course dans des rues désertes, après avoir passé plusieurs ponts, je me demande où mes coursiers me conduisent, quand enfin nous arrivons dans le quartier européen et peu après à l'hotel Oriental, tout neuf, superbe, ouvert de la veille et tenu par M. Muraour, un Français, que connaissent mes amis de Saïgon. Je parle d'eux et suis bien reçu ; on me donne **une** belle chambre au premier.

Mercredi 4 mai.

Je descends et demande à M. Muraour quelques renseignements. Il n'y a rien d'extraordinaire à Yokohama, à part les boutiques japonaises. Je vais dans deux ou trois boutiques faire de petits achats, surtout des livres japonais très illustrés. Là encore, c'est avec la langue anglaise qu'on arrive à se faire comprendre. Je n'ai pas trouvé de lettres à l'hôtel où j'avais écrit à Mad de me les adresser ; aussi je vais voir poste restante et je trouve un gros pli contenant deux lettres

de Troyes; j'en suis fort aise, bien
qu'elles soient bien anciennes (14 avril).
Le soir, je dois dîner au Club-Hôtel.
Je me rappelle qu'à Hanoï j'ai vu un
M. D..., associé d'un client avec qui
j'ai fait des affaires, qui vient en France
par l'Amérique et doit être à cet hôtel.
Effectivement, il vient bientôt se mettre
à table, tout près de nous. Je vais renou-
veler connaissance et nous nous donnons
rendez-vous pour le lendemain, à bord
de l' « Empress of India ». Je dîne avec
le major C... et M. C...; justement
l'Américain nous fait dire qu'il ne peut
pas venir. Une douzaine de musiciens
japonais nous jouent des valses et des
polkas pendant le dîner très bon et très
soigné. M. B... nous rejoint après dîner
et nous allons au théâtre japonais.

Très curieux, ce théâtre. Nous sommes
aux galeries divisées en petits carrés,
comme une série de couches de jardin, au
fond une natte très fine sur laquelle on
s'asseoit en tailleur, car il n'y a pas de
sièges. Au-dessous de nous, le coup d'œil
est bien original, hommes, femmes et
enfants, assis ou couchés, suivent les péripéties du drame avec une grande atten-
tion. Malheureusement, c'est pour nous
une pantomime à laquelle nous ne comprenons pas grand chose.

Nous allons ensuite faire un tour
dans la ville japonaise en pousse-pousse.

C'est comme un immense champ de foire. Toutes les boutiques sont éclairées de grosses lanternes japonaises, tous les pousse-pousses en ont aussi une, ce qui n'empêche pas le mien, qui se dépêche pour rattraper les autres, d'être presque coupé en deux par un collègue. Je saute à bas et vais pour dégager l'autre pousse-pousse qui s'est télescopé dans le mien. C'est un Chinois qui le monte, le coureur est par côté sur les genoux et geignant, Il a dû se faire très mal aux jambes car il se plaint et peut à peine se redresser. Heureusement mon pousse-pousse n'a que le garde-crotte de cassé, l'autre a les deux brancards brisés et est fort détérioré, je puis remonter et repartir; mais mes compagnons sont déjà loin et je rentre seul à l'hôtel sans savoir à quelle heure ils partent demain à Tokio avec leur guide anglais, car je ne sais si je ne pourrai en avoir un parlant français.

Jeudi 5 mai.

Je descends à 8 heures et trouve un mot de M. B..., qui me dit qu'il part pour Tokio par l'express de 9 heures 20. Si je veux aller avec lui, il pense que les autres partent aussi à cette heure. Mais, en même temps, on m'apprend qu'un guide parlant le français est là ; c'est justement celui que Paul m'a recommandé, je le prends et pars à 8 heures et demie.

En route, je fais connaissance avec un Américain qui reste à Yokohama et y fait des affaires pour l'Angleterre, l'Amér.que, etc. ; il se met même à ma disposition si j'ai besoin de renseignements commerciaux.

Arrivé à Tokio, mon guide engage deux pousses avec deux hommes à chaque, car nous avons beaucoup de chemin à faire pour voir tout. Tokio, la capitale actuelle, a environ quatre lieues de diamètre en tout sens ; sa population est de 3 millions cinq cent mille, elle a même été de quatre millions d'habitants. C'est le guide qui me donne ces renseignements, mais en les contrôlant j'ai pensé qu'il devait être du midi japonais.

Nous commençons par rouler une bonne heure au grand trot, pour arriver aux temples de Shiba. Il y en a trois principaux qui se touchent. Chacun est entouré d'un vaste terrain planté de grands arbres très vieux. Des allées de lanternes de pierre les relient ; cela occupe ainsi une étendue immense. Comme monument, c'est très imposant. L'intérieur, tout en laque avec colonnes en laque d'or, est d'une richesse très grande. On y voit aussi le tombeau de l'ancien Mikado, dans une chapelle de toute richesse.

Et la vue de cet ensemble de temples aux formes bizarres, de ces lanternes de pierre ou de bronze en nombre incalculable, est d'un effet étrange et saisissant.

Mon guide me montre la pierre dite barométrique. C'est un gros bloc rond et creux, resouvert d'un toit et isolé du sol par un autre bloc, on n'y met pas d'eau dans cette pierre et il y en vient, les pélerins et paysans y trempent leurs doigts et en emportent même un peu. Quand il est pour faire mauvais, le niveau de l'eau monte. Mystère .. Le consul d'Angleterre en a offert, parait-il, 10,000 dollars. Arrivés à l'autre extrémité de ce vaste carré de temples, nous y retrouvons nos pous-pousse qui refont une nouvelle course assez longue. Le soleil est excessivement chaud et je cuis dans mon jus, aussi je plains mes coursiers qui n'ont pas l'air de souffrir eux. Nous arrivons au parc de Wéno que nous parcourons. Là, se trouve encore un temple avec une grande allée de lanternes en pierre. Dans un coin du parc est une colossale statue en bronze de Bouddha. Dans le parc se trouve un restaurant japonais où je déjeune. Après, je me promène un peu dans le jardin où j'admire des massifs d'azalées de toutes couleurs. Mon guide revient me chercher et nous partons à Asaksa, il nous faut encore une bonne heure et demie de grande course. Il semble qu'on entre à nouveau dans un vaste champ de foire. Le monde y grouille et on n'y circule qu'à pied. Il y a là un très beau temple de la déesse Ammon. A l'entrée, comme dans tous les temples, une grande caisse en bois avec barreaux pour recevoir les offrandes; tous les gens qui y viennent, et ils sont nombreux, jettent une offrande dans la caisse avant de s'agenouiller pour leur prière, qu'ils font à haute voix en se tapant dans les mains et en embrassant le sol. Ce temple a une telle réputation, que tous les ans pendant la fête, qui dure quarante-cinq jours, ils recueillent environ 500 dollars d'offrandes par jour, soit 1,250 francs.

Je vois à l'intérieur des gens arrêtés autour d'une statue en bois toute usée dont on ne voit plus les traits. Je demande au guide ce que c'est. C'est le dieu Olemzourou (le dieu docteur) qui guérit tous les maux, il suffit de frotter le dieu sur la partie correspondante à celle où on souffre et de se frictionner après la dite partie. C'est un confrère de St-Guignolet. Je vois un père qui frotte la joue de la statue et frotte ensuite celle de son gamin qu'il a amené. Le dieu docteur est très fréquenté, aussi sa tête n'est plus qu'une boule. Sortant de là, nous allons voir un panorama représentant la guerre sino-japonaise qui a rendu les Japonais si

fiers. Nous passons devant beaucoup de
théâtres qui font leur parade et vent
jouer.

Voici un théâtre d'équilibristes qui sont
très forts ici. Sur le devant de la baraque,
deux ou trois femmes et autant de petites
filles en costumes voyants sont debout,
chacune sur une grosse boule ronde et y
paraissent aussi solides que sur la terre
ferme. Un peu plus loin, nous entrons au
jardin botanique où se trouve une exposition de pivoines arbustes. Dieu les belles fleurs, énormes, de couleurs si variées.
Je dis, « si ma grand'mère et ma mère
étaient là, elles qui aiment tant les fleurs. »
« Il faudra les amener, me dit le guide »,
tout naturellement. Je ne crois pas que
ce sera encore pour l'an prochain. Il y a
aussi quelques animaux en cage, entre
autres un très beau tigre qui se roule de
plaisir pendant que son gardien lui envoie des seaux d'eau sur le corps, et un
aigle superbe qui a un air si triste dans
sa cage.

Nous remontons en pousse et passons
devant le palais du Mikado, mais il est
entouré de murs énormes avec fossés,
comme nos anciennes villes fortifiées, et
l'on ne voit rien.

Presque en face sont les bâtiments des
ministères. Il y en a cinq à la file, tous
très grands monuments à l'européenne,
avec beau jardin devant chaque ; c'est

splendide. Celui de la guerre est en face.
Tous ont été construits depuis peu sur les
plans d'un architecte allemand qui a fait
aussi l'hôtel Oriental.

Un peu plus loin, nous visitons le
Musée. Nous ne voyons que la partie japonaise, déjà fort importante. Anciens
costumes des princes, leurs anciennes
armures, carosses, chaises à porteurs,
réduction des anciens bateaux de guerre
à avirons. Il y a un tas de belles choses
qu'il faudrait huit jours pour admirer.

Dans un coin, j'aperçois avec surprise
les portraits de Napoléon III et de l'Impératrice. C'est sans doute un cadeau d'un
ancien consul qui ne voulait pas les rapporter en France.

En sortant du Musée, sur une grande
place ombragée : des drapeaux, des oriflammes de toutes couleurs et beaucoup
de monde. C'est une fête de gymnastique
des écoles. J'assiste à une course à pied
chaudement disputée.

Nous allons encore visiter un vaste
bazar où tous les objets japonais sont représentés. J'achète quelques bibelots et
nous partons au jardin Sataki, jardin public admirablement entretenu, avec pièces d'eau, monuments et ponts de pierre.
J'en prends un cliché, mais ce que l'on
ne pourra distinguer, ce sont les énormes
boules formées par deux ou trois pieds
d'azalées de différentes couleurs. Des

haies d'azalées taillées et toutes fleuries;
nous ne voyons que peu de cerisiers en
fleurs, il est trop tard. Au sortir du jardin, il est temps de regagner la gare ; il
nous faut 1 heure 1/2 de grande course à
travers un tas de petites rues étroites et
encombrées. Je remarque que nous allons
presque aussi vite que le tramway à
rails, traîné par deux chevaux. Nous traversons le fleuve Sumidagawa, plus large
que la Seine à Paris.

Je compte trois bateaux à vapeur montants et trois descendants, chacun attelé
à un autre immense bateau fermé où sont
des passagers. Chaque bateau de passagers est divisé en trois compartiments et
ressemble à trois wagons de chemin de
fer et ils sont pleins de monde. On dirait
voir trois trains montants et trois trains
descendants.

Mais enfin, la gare est atteinte, mon
guide me dit adieu en me recommandant
d'écrire à Paul, dont il se rappelle bien et
une heure et demie après j'arrive à
Yokohama. Il est sept heures, je me
rends vite à l'hôtel et de là chez M. C..., où
je suis invité à dîner. En chemin, je rencontre M. B... qui me dit que M. H...
nous attend à dîner au Grand-Hôtel ; je
le remercie en le priant de m'excuser. Il
me dit également que nos bagages ne
sont pas encore arrivés et que l'on craint
qu'ils ne soient pas là pour le départ du

bateau ; ce qui serait très embêtant. Chez
M. C..., je trouve l'agent des Messageries et nous dinons tous les trois. Je leur
dis mon inquiétude au sujet de mes bagages et M. C... est surpris de mon
calme à cet égard. « Que voulez-vous, il
sera temps demain de s'inquiéter ! » Nous
causons de choses et d'autres.

Vendredi 6 Mai.

Je me lève de bonne heure et fais ma
valise, de façon à être prêt, puis je vais
au bureau de la Péninsulaire. Pas de
nouvelles du *Canton*, mais il peut arriver encore avant midi. Je trouve là M.
B..., qui est dans le même cas que moi.
On me préviendra à l'hôtel aussitôt que
le *Canton* sera signalé, et j'irai avec la
chaloupe de l'agence chercher mes bagages à bord pour les transporter de suite
sur l'*Impress*.

A tout hasard, je vais acheter quatre
chemises en crépon du Japon et fais encore quelques courses. Je retourne au bureau, mais rien.

Voici 11 heures, il est temps de partir.
Je charge M. Muraour de faire le nécessaire pour me faire retourner mes malles
si je ne puis les avoir et vais à bord de
l'*Impress*. La chaloupe de l'hôtel reste là
pour aller au devant du *Canton* prendre

mes malles si on le voit arriver. Mais, toujours rien, le signal du départ est donné et me voici en route pour un mois avec trois chemises de toile, dont deux sales, deux chemises de flanelle et quatre paires de chaussettes. Ça ne va pas être gai. Je trouve M. D... et lui raconte ma triste aventure. Il est avec M. F..., lieutenant de vaisseau qui rentre en France et dont je fais la connaissance. Nous sommes trois Français en tout sur ce bateau où il y a 120 passagers.

A une heure, tout le monde se retrouve au tiffin, dans l'immense salle à manger qui est pleine. Je suis à une petite table de quatre avec M. B..., l'Américain, et M..., le jeune Anglais du Rohilla ; il y a encore un autre Anglais que connait M. B .., et bientôt on met une chaise au bout de la table pour M. D..., d'Hanoï. M.F..., lui, se trouve seul à un grande table, entouré d'Anglais, qu'il ne comprend pas, et parle fort peu. Mais nous nous retrouvons entre les repas et faisons la promenade ensemble.

Je ne connais pas mon compagnon de cabine, j'ai vu qu'il avait tout envahi, aussi, malgré que j'aie peu de bagages, je suis obligé de dégager un porte-manteau et de faire un peu de place.

Je vais plusieurs fois à la cabine durant l'après-midi, mais je ne parviens pas à le rencontrer.

M. H... m'a offert de me prêter du linge, entre autres des chemises, si je puis les mettre ; je le remercie, car j'aurai sans doute besoin d'en user.

Samedi 7 mai.

Je me lève à 6 heures et demie ; je n'ai pas entendu mon compagnon rentrer se coucher.

Comme j'ai le lit du haut, je le vois en descendant et lui souhaite le bonjour ; il parle un peu français.

Je vais au bain et reviens m'habiller, puis je monte sur le pont. La journée se passe d'une façon assez monotone à lire, écrire, se promener. Je n'ai même plus mes livres d'anglais qui sont dans mes malles.

Dimanche 8 mai.

A 10 heures, grand service religieux à la salle à manger, auquel nous n'assistons pas, nous trois Français, ainsi que quelques Anglais.

L'après-midi, comme la veille, promenade et lecture.

Le temps s'est beaucoup refroidi : on met les pardessus ; heureusement que j'ai sorti le mien de ma malle pour traverser le Japon, si je ne l'avais pas, je serais gelé plus tard.

Lundi 9 mai.

Dans l'après-midi, on a installé un jeu de boules et j'en fais une partie avec les Anglais.

J'ai la chance de ne pas être maladroit et d'abattre pas mal de quilles, ce qui, deux fois, donne la victoire à notre camp.

Mardi 10 mai.

Il neige légèrement le matin, ce qui fait baisser la température. Je demande à un officier combien de degrés : 33° Farenhert, ce qui fait à peine un degré au-dessus de zéro. Aussi, accélère-t-on le pas en se promenant autour du pont. Quelques flocons tombent encore vers 11 heures, et le reste de la journée est agrémenté d'un peu de soleil.

Mercredi 11 Mai.

Jour gris, qui paraît moins froid qu'hier ; nous devons passer au 180 degré ce soir à minuit, c'est-à-dire aux antipo-

des du méridien anglais, aussi prépare-
t-on pour demain une journée de fête et
de jeux.

Des listes sont affichées où on peut
s'inscrire ; il y aura des prix, car tous les
passagers souscrivent. Déjà pour la traversée il y a eu des listes pour différents
jeux : croquet, espèce de jeu de tonneau,
anneaux de cordes lancés dans des baquets, etc...

Antipodes-Day. Jour des antipodes,
c'est son nom, car il ne porte pas de date,
c'est la répétition du 11 mai, afin de rattraper le jour gagné en faisant le tour du
monde de ce côté. Nous étions de 12
heures en avance sur vous autres, nous
allons être de 12 heures en retard, que
nous regagnerons au fur et à mesure que
nous marcherons à l'est.

Après le tiffin de 1 heure, les jeux
commencent.

C'est d'abord la course aux pommes de
terre pour gentlemans. Quatre baquets
sont placés l'un à côté de l'autre et en
avant de chacun cinq pommes de terre à
deux mètres l'une de l'autre. Les joueurs
sont près de chaque baquet et au com-
mandement : « Partez ! » ils se précipitent prendre une pomme de terre pour
la rapporter dans le baquet, et ainsi de
suite, une par une. Le premier qui a fini
a gagné. Comme le pont glisse un peu, il
y a quelques chutes.

La même course a ensuite lieu pour les dames. De grandes jeunes filles et des dames, il y en a une petite dont les cheveux sont grisonnants, elle court tout de même.

La même course vient pour les enfants.

2° Course en sacs pour hommes. — Tous y participent ; il y en a de vieux qui ont bien 40 à 45 ans ; deux ou trois chutes amènent plusieurs salades.

3° Course des œufe avec cuiller, pour dames. — Les dames prennent un œuf sur une cuiller et doivent exécuter la course sans laisser tomber l'œuf.

4° Course à trois jambes. — Les hommes deux à deux ont la jambe gauche de l'un attachée à la jambe droite de l'autre par deux ou trois mouchoirs et les couples courent ainsi à qui arrivera le premier. Chutes assez fréquentes et comiques.

5° Course à l'aiguille. — Les dames à une extrémité du pont tiennent chacune une aiguille, elles partent à un signal donné à l'autre extrémité où sont les hommes qui ont chacun un bout de fil. La dame se fait enfiler son aiguille par un homme et la première qui est retournée à son point de départ avec son aiguille enfilée a gagné.

6° Course des cravates. — Les hommes défont leur cravate (une lavallière ou un

ruban) on leur lie les mains derrière le
dos et on leur met une cigarette à la bouche. Les dames sont à l'autre extrémité
du pont et chacune à une boîte d'allumettes. Au signal donné, les hommes se
précipitent chacun vers une dame qui en-
flamme une allumette et la présente à la
cigarette de l'homme qui l'allume. Ensuite
l'homme se tourne et la dame lui prend
de ses mains attachées au dos, la cravate
qu'il tient. Elle la lui passe au cou et doit
faire un nœud présentable et le premier
homme retourné au point de départ avec
sa cravate bien nouée et sa cigarette al-
lumée a gagné. Cette course est assez
amusante.

7° Combats de coqs. — Celle-là est dé-
sopilante. Deux hommes s'asseoient par
terre ; on leur passe un bâton sous les
jarrets, ils passent leurs bras sous les
bâtons et se croisent les mains en avant
des jambes. On leur attache les mains.
On les met ainsi en face l'un de l'autre,
à un mètre, et on dit : « Allez ! » Ils s'a-
vancent doucement sur leur derrière l'un
vers l'autre et essaient de glisser le bout
de leurs pieds sous les pieds de l'adversaire.
Quand ils y arrivent, ils soulèvent les
pieds de celui-ci qui roule sur son dos,
les pattes en l'air, comme une boule, et
attend ensuite qu'on aille le déficeler, car
il ne peut plus se remettre. C'est d'un comique impossible, surtout quand on voit

faire cela par des gens de trente à quarante ans.

8° L'œil du cochon. — On dessine par terre un gros cochon avec de la craie. On bande les yeux à un joueur placé à 4 ou 5 mètres, on le fait tourner sur lui-même, on lui met un morceau de craie à la main et allez-y, le voilà parti à tâtons pour marquer par une croix blanche la place de l'œil du cochon. Le plus proche a gagné. Souvent le joueur va placer l'œil à la queue ou au bout des pattes, des oreilles, ce qui provoque le rire. Cette course est pour tous, hommes, dames et enfants.

9e course. — Deux hommes se mettent à quatre pattes, l'un en face de l'autre, on leur passe autour du cou une corde formant un grand cercle. Ils tirent avec leur cou sur cette corde de façon à ce que l'un des deux amène l'autre à passer une raie à la craie qui les sépare. Ce n'est pas gracieux, c'est même brutal. Les faces se congestionnent.

10° Course.— C'est la course d'obstacles ; celle-là est vraiment intéressante et nécessite autant de force que d'adresse. Quatre concurrents sont en ligne. Ils partent de l'arrière du bateau, doivent d'abord descendre à l'entrepont à l'aide de quatre cordes (chacun la sienne) attachées au pont, c'est la hauteur d'un étage, puis ils en remontent sur des doubles planches dressées presque verticalement. En-

suite ils doivent passer sur une espèce de
plateforme de trois mètres de large, formée par des cordes tendues à un mètre
du plancher, comme un lit de sangles ; il
faut se jeter à plat ventre sur ces cordes
et traverser ainsi ; après cela deux avirons sont attachés tout prêt du plancher,
à peine à une distance de l'épaisseur d'un
homme et à plat ventre il faut passer dessous en s'amincissant. M. H... manque
même d'y rester, il n'a pas été au bout
où l'intervalle est le plus grand et il se
trouve pris et serré sous les avirons sans
pouvoir ni avancer ni reculer, Viennent
ensuite les manches à air, espèces de sacs
en toile à voile de 6 à 8 mètres de long
et percés des deux bouts dans lesquelles
il faut ramper. L'un des concurrents veut
aller à reculons, le sac se roule et il ne
peut plus en sortir ; quand il revient du
côté où il est entré, ii est presque as-
phyxié, aussi ne peut-il continuer. Il ne
reste que deux concurrents qui ont encore
à passer par dessus une corde en forme
de balançoire à 1 mètre 50 de haut ce qui
est facile et à monter sur la passerelle de
quart pour en descendre à l'aide d'une
corde. Trois séries de quatre concurrents
ont lieu et ensuite une belle entre les
trois vainqueurs qui arrivent au bout
épuisés. C'est vraiment très fatiguant et
pénible pour les coureurs.

Cette course termine la série des jeux

qui aident à passer l'après-midi de la
journée des Antipodes d'une façon un peu
amusante, et ce qui donne un grand at-
trait de curiosité, c'est que les passagers
de premières seuls y prennent part, ainsi
que quelques officiers.

Jeudi 12 mai.

Cette journée comme les précédentes,
promenades, lectures. Mon compagnon
de cabine est un anglais qui vient de
Manille, d'où il a rapporté une douzaine
de boîtes de cigares dans lesquelles il
insiste pour que je puise quand je vou-
drai. Il m'a déjà prêté trois chemises et
un gilet de coton à manches.

Je décide aussi M. P... à me donner
une leçon d'anglais et j'espère que nous
continuerons quelques jours. Si seulement j'avais mes livres.

Vendredi 13 mai.

Il semble qu'il fasse un peu moins
froid. Le bateau n'a pas mal marché
hier, 370 milles, ce n'est pas le diable,
mais enfin cela nous permet d'espérer
que nous pourrons être à Vancouver
le 17 au lieu du 18 courant. Le soir,
une partie du pont est garnie avec des

toiles et les pavillons en guise de tentures. Le piano est apporté et un bal est donné.

Samedi 14 mai.

Journée comme les précédentes, pas très gaie.

Dimanche 15 mai.

Même répétition, sauf que les jeux de l'après-midi sont supprimés ; le croquet, les planches à nombres sont remisées. Il y a un service religieux à 11 heures et le ruste du temps, on n'a que le droit de s'embêter.

Lundi 16 mai.

Il fait un peu moins froid et nous approchons de Vancouver, nous n'y serons pas avant mercredi 18 courant. On commence à préparer ses effets pour demain, les malles sortent de la cale ; pour moi ce sera simple.

Mardi 17 mai.

Je me réveille à 6 heures et vois en face du hublot des gros piliers de bois ronds ;

le bateau est arrêté. Nous sommes au wharf du Sanatorium de l'île de Vancouver, car comme nous avons 500 chinois et japonais à bord, ils doivent être désinfectés. On commence par les chinois qui sont à l'avant du bateau, mais du diable si je me doutais qu'il y en eut tant. Les japonais ont changé leurs robes japonaises contre des costumes européens. Dieu ! qu'ils sont vilains ainsi. Pendant qu'on les mène désinfecter, nous allons faire une petite promenade dans l'île. Il n'y a guère que quelques grandes maisons vides, sortes d'hôtels pour le cas où les bateaux laisseraient leurs passagers en quarantaine.

M. D... manque d'écraser un serpent qui sauve se fourrer dans un tas de grosses pierres d'où nous ne pouvons le faire sortir. Il fait bon être sur terre après treize jours de mer sans rien voir à l'horizon. Nous revenons vers le bateau et voyons les Japonnis désinfectés, leurs vêtements sont comme ont été les nôtres, fripés énormément et ils sont encore plus vilains. Il y avait aussi quatre à cinq Japonaises qui avaient arboré de belles toilettes européennes ; il faut les voir maintenant ! L'une a une robe en espèce de petite soie jaune, l'autre une robe et un corsage de velours, c'est fripé !!! Il est 11 heures et le petit vapeur (luncheon) qui touche à Victoria, vient chercher les passagers pour cette ville en même temps qu'il nous amène l'agent du Canadian Pacifique Railway. Nous disons adieu aux passagers qui s'en vont et parmi eux se trouve M. B..., l'américain. Nous partons ensuite pour Vancouver, et durant ce trajet, l'agent du Canadian nous fait nos billets avec l'itinéraire que nous choisissons pour la traversée d'Amérique. Il ne parle pas du tout français, mais cela va tout de même. Je désire rentrer de New-York par un transatlantique français, ce sera sans doute la *Champagne*; une dépêche sera envoyée par lui pour retenir une place sur ce bateau ; l'on me donnera à Winnipeg, au milieu du trajet, la réponse et le numéro de ma cabine.

MM. D... et F.. doivent s'arrêter le second jour à Banffs, dans les Montagnes Rocheuses, ensuite faire la traversée des Grand Lacs, mais ils prennent le bateau du samedi suivant et m'avaient bien engagé à en faire autant. Nous arrivons à Vancouver à 7 heures moins le quart, et il est trop tard pour descendre à terre, nous allons diner et comme nous sommes à quai, nous descendons après diner faire un tour, mais la pluie se met bientôt à tomber et nous sommes obligés de rentrer de bonne heure.

Mercredi 18 Mai.

Nous descendons à terre à 8 heures avec MM. D... et F..., et allons de suite à la poste où je trouve trois lettres qui me font bien plaisir, car je suis sûr ainsi qu'on a reçu mes précédentes et qu'on sait comment je reviens. Je vais ensuite à la banque « Bristish North América » chercher de l'argent. M. D... m'attend pour que j'aille avec lui dans différents magasins pour des achats, il ne sait pas un mot d'anglais et je dois lui servir d'interprète, ce dont je m'acquitte à son entière satisfaction et à la mienne, car je constate ainsi que j'ai fait de réels progrès dans la langue anglaise.

Après nos achats et quelques tours, nous revenons déjeuner au bateau, car le train part à 1 heure. Nous avons fait aussi plomber nos bagages dont nous n'avons pas besoin, nous les trouverons à New-York, près du bateau que nous devons prendre.

Quelle organisation et quelle simplicité.

Chacun a sur son billet le nom du wagon qu'il doit prendre et le numéro de sa place. Je dois monter dans le Karagawa Car n° 12. MM. D... et F... sont dans le même car au n° 11 : nous serons ensemble.

Après déjeuner, nous gagnons le train qui est à 100 mètres du bateau, et montons en wagon. Vaucouver est un point de départ pour le Klondike, aussi dans tous les magasins il y a des objets spéciaux pour ce pays et des affiches partout, pour le Klondike, etc., etc.

Nous montons dans le train à 1 heure moins le quart. Là, pas de barrière pour empêcher les gens de passer. Le train est coupé en deux pour laisser le passage aux voitures qui traversent les voies jusqu'au dernier moment. Enfin, la machine recule et on accroche le train. Cela n'empêche pas les personnes qui veulent encore passer de traverser en montant sur les petites passerelles qui sont aux extrémités de chaque vagon. Enfin, un cri répété, indéchiffrable, qui signifie : « All aboard ! » « Tout le monde à bord » et le train s'ébranle.

M. P..., un jeune Anglais qui reste à Bombay et dont j'ai fait la connaissance à bord de l'*Impress of India*, est dans le car précédent le nôtre, c'est le Nippon-Car. Nous partons et commençons par traverser Vancouver, mais toujours pas de barrières : le train traverse les rues comme un simple tramway. Une grosse cloche, placée sur la machine, sonne tout le temps qu'on traverse les lieux habités pour prévenir les gens qui sont sur la voie ou vont la traverser.

Le temps est très couvert et bientôt la pluie tombe. La vue est malgré cela très belle, mais le serait bien plus par un beau soleil. A côté de nous, une ligne de montagnes dont les sommets sont couverts de neige.

Nous traversons bientôt des bois de sapins immenses. Toute la forêt a été brûlée en 1886 et Vancouver, qui se trouvait au centre, l'a été aussi en entier, sauf une maison. La ville n'a donc pas plus de douze ans. Cette forêt est très triste ainsi, car on n'a pas pris la peine d'arracher les sapins brûlés et ils sont toujours là, tout noirs comme de grands fantômes. Nous en verrons, du reste, tout le long de la route de ces bois de sapins brûlés ou même brûlant. Plus loin, c'est ainsi qu'on défrîche en mettant le feu, et on laboure la terre en laissant les troncs coupés à 1 mètre de terre. C'est que ces arbres sont énormes, en moyenne de la grosseur d'un homme et d'une hauteur très grande et droit comme des i avec cela. Aussi tous les ouvrages d'art sont en bois. Les ponts de chemin de fer en bois sont sans balustrades, et comme il n'y a qu'une voie, il semble à ce moment qu'on traverse l'espace. Il y a des viaducs presque aussi grands que celui de Chaumont, en bois et à moitié circulaires, et toujours sans garde-fous. Il n'est pas étonnant que, de temps en temps un pont s'écroule. On tâche d'en faire un neuf à côté, avant que l'ancien ne soit trop mauvais, et on détourne un peu la ligne pour passer sur le nouveau, puis on met le feu au vieux.

Nous passons ainsi un soir sur un précipice au fond duquel flambe l'ancien pont. A 6 heures nous nous arrêtons à une petite station où est un hôtel au flanc de la montagne, devant un joli jardin anglais avec des gazons verts taillés ras et deux jets d'eau. C'est ravissant. Nous nous précipitons dans la salle à manger et faisons notre premier dîner pendant que le train attend que nous ayions fini pour repartir. De pays, pas trace ; juste la station et l'hôtel qui appartient à la Compagnie. Le dîner n'est pas fameux et assez mal servi. Enfin, demain matin, nous aurons le dinning-car, ce sera peut-être mieux.

Nous remontons en chemin de fer et vers neuf heures commence la confection des lits.

Chaque wagon a un passage longitudinal dans son milieu qui sépare les banquettes de telle sorte qu'il y a deux places à droite et deux à gauche, mais chaque voyageur a au moins deux places quand il n'a pas tout le carré de quatre places. Moi j'ai quatre places ainsi que beaucoup d'autres. Il n'y a que MM. D... et F... qui soient deux dans leur carré de quatre

places. C'est que ce sont des sleeping-car
et pour faire les lits voici comme procède
le Porter (nègre ou mulâtre) attaché à
chaque wagon. Il tire les deux sièges d'un
carré de quatre jusqu'à ce qu'ils se joi-
gnent, les dossiers se rabattent pour rem-
plir les parties laissées vides par les deux
sièges tirés. Le lit se trouve ainsi formé
par quatre banquettes. Au-dessus des fenêtres un grand panneau de bois se rabat
et forme un deuxième lit superposé au
premier. Dans les creux des sièges et du
panneau, deux matelas et quatre oreillers. On garnit le matelas de draps bien
blancs, les oreillers de housses blanches,
une couverture et une paire de grands rideaux partant du plafond closent complètement chaque lit. Quand tout le wagon
est arrangé ainsi, il ne reste plus que le
petit couloir du milieu. Vous vous dés-
habillez comme vous pouvez derrière les
rideaux où sur votre lit, surtout s'il y a
des dames, car il n'y a pas de wagon spécial pour elles, elles ont seulement à une
extremité du wagon, un petit cabinet de
toilette fermé et des W. C.

A l'autre bout du wagon, le cabinet de
toilette pour hommes, comprenant deux
cuvettes en métal se vidant par le fond,
avec deux robinets d'eau froide et chaude
quand il fait froid et que les wagons sont
eux-mêmes chauffés par les tubes de vapeur qui les sillonnent et garnissent tous

les dessous des banquettes. Serviettes à
discrétion, savonnette, brosse à cheveux
et peigne, nettoyés chaque matin. Il y a,
en outre, un réservoir en métal rempli
d'eau à boire dans laquelle on met de la
glace toutes fois qu'il en manque. L'eau
glacée est la boisson par excellence en
Amérique. Il y a aussi un petit W. C.
avec une grande glace à la porte pour se
voir en pied et, à côté de ce lavatory, le
petit fumoir avec deux canapés de trois
places. Mais la toilette des hommes n'est
pas fermée et on la traverse pour aller du
bout du train à l'autre, au dinning-car,
de sorte que les dames qui vont de bonne
heure prendre leur café ou chocolat ont
quelquefois à traverser des toilettes où
un ou deux messieurs font leurs ablu-
tions avec seulement leur pantalon. Mais,
on n'y prend pas garde.

Notre car est le dernier et comme les
bagages sont à l'avant, nous n'avons rien
derrière nous, de sorte que sur la passerelle on voit le ruban de la voie ferré fuir
à toute vitesse. C'est une sensation très
curieuse, surtout quand on se trouve à
flanc de montagne, cotoyant des précipi-
ces, ce qui va durer un jour ou deux.

A 10 h. 1|2, je me couche, mais bientôt
il me semble que le train s'arrête et ne
repart pas de longtemps. Je n'y prends
pas garde. Mais le lendemain, j'apprends
que le mécanicien s'était aperçu que la

voie, à flanc de montagne, avait glissé et
que deux rails manquaient, avant de passer. Il avait donc arrêté le train et il
avait fallu six heures pour réparer l'accident. C'est heureux qu'il ne soit pas
passé avant de voir la place vide! Cela
fait que le dinning-car que nous devions
accrocher à 6 h. du matin n'est rejoint
que vers midi et les estomacs crient
la faim.

J'ai eu la chance de pouvoir avaler un
café au lait vers huit heures à une petite
station, je suis moins à plaindre que mes
deux compagnons qui n'ont pas osé descendre et qui ont l'estomac aux talons.
C'est que si l'on descend à une petite station, il ne faut pas trop s'éloigner, sans
quoi on risque de manquer le train, qui
se met en marche et part sans un coup
de sifflet, ni aucun appel. Ce n'est qu'aux
grandes stations, au milieu des centres
habités qu'on crie pour le départ. Néanmoins, nous descendons souvent et quand
le train part nous nous précipitons pour
sauter dedans.

Jeudi 19 mai.

Quand le dinning-car est enfin accro-
ché, il se trouve vite pris d'assaut et nous
devons attendre la seconde fournée.

Le déjeuner est le bien venu; comme

boisson on vous apporte de suite un
verre d'eau avec un gros morceau de
glace, libre à vous de demander de la
bière ou du vin. J'adopte l'eau glacée,
chère aux Américains, c'est si bon de
tremper ses lèvres dans cette eau froide.

Partout du reste en Amérique, lorsque
vous vous installez à une table, on commence par vous servir l'eau glacée avant
même de vous demander ce que vous
voulez manger.

Après le déjeuner, nous allons nous
mettre dans un wagon spécial qu'on vient
d'accrocher, c'est l'observation-car, ouvert
de tous les côtés afin de pouvoir mieux
admirer le paysage qui est magnifique.
Nous sommes en plein dans les montagnes rocheuses et nous montons toujours.
La ligne suit le flanc de la montagne,
passe à chaque instant sous un tunnel,
sur un précipice au fond duquel roule un
torrent, tourne, détourne. Le train, dans
certains moments, forme un demi cercle
et malgré cela va à grande allure. Le
haut des montagnes est couvert de neige
et nous commençons à y arriver. Il fait
froid, chacun a mis son gros pardessus
et son foulard, mais malgré le froid, on
reste dans l'observation-car, saisi par la
grandeur et la beauté du paysage. Comme
végétation, toujours ces grands bois de
sapins. MM. D. et F. doivent s'arrêter à
Banff, où il y a un très bel hôtel apparte-

nant à la compagnie. Cet hôtel est au milieu des montagnes près des glaciers, non loin d'un lac, et un immense parc a été créé à côté.

De là, il y a plusieurs excursions excessivement belles et curieuses à faire. Ils doivent y rester 2 jours et repartir ensuite. Mais grâce à notre retard que nous n'avons pu rattraper malgré la deuxième locomotive qui nous pousse, nous ne serons à Banff qu'à 1 heure ou 2 heures du matin, et il reste 4 kilomètres à faire en voiture. Il pleut et neige, aussi ce n'est pas engageant.

Nous arrivons vers 6 heures à Glacier-House, petite station-hôtel à côté du plus gros glacier; plus gros, paraît-il, que tous les glaciers suisses réunis.

Comme quelques voyageurs restent là au lieu d'aller à Banff, je les engage à en faire autant. M. F... s'y décide, M. D... aussi.

Nous dînons à l'hôtel de Glacier-House, je leur dis adieu et remonte dans le train qui repart. Me voici de nouveau seul Français au milieu d'Anglais et d'Américains. Nous restons cependant au fumoir jusqu'à 10 heures et allons nous coucher.

Au milieu de la nuit, je me réveille et constate que le train marche à tour de roues. La locomotive qui nous pousse et est tout près de moi, puisque je suis à la dernière place du dernier wagon, fait un

bruit infernal. Elle halète comme si elle allait manquer de souffle; il semble qu'elle ne va pas pouvoir finir son tour de roue et que nous allons redescendre à toute vitesse en arrière; mais un autre effort et le tour de roue s'achève pour recommencer quelques instants après. Plusieurs fois nous restons immobiles comme si c'était fini, mais non, ce n'est pas encore cette fois.

Je relève le store de ma fenêtre : nous sommes toujours dans la montagne et avons une forte rampe en cercle, car je vois très bien la locomotive de tête et une partie du train.

La locomotive de tête est toute rouge de feu, la vapeur s'échappe avec force : elle donne aussi tout ce qu'elle peut. C'est que le train est très grand et ces voitures doivent peser un poids énorme. Certainement, nous allons rester en panne et redescendre! C'est très impressionnant, et pendant longtemps je suis hanté par cette idée. Je finis cependant par m'endormir, et le lendemain matin, j'apprends que nous avons augmenté notre retard de trois heures pendant la nuit. Cela nous fait neuf heures de retard.

Vendredi 20 mai.

Journée ennuyeuse au possible ; nous traversons d'immenses plaines plates et sans le moindre petit buisson à perte de vue. Le camp de Châlons sans les bois de sapins. Je me dis que je ne pourrai jamais résister à l'ennui jusqu'à lundi.

Samedi 21 mai.

Dans le courant de la journée, le paysage s'anime un peu. Nous comptons jusqu'à quatre maisons autour de la station. Devant l'une, il y a quatre jeunes arbres de plantés, les seuls que nous ayons aperçus depuis la veille au matin. A une station plus importante, nous voyons des Indiens, hommes et femmes en costume et la figure peinte, qui viennent pour essayer de vendre des cornes de buffles montées et arrangées par eux.

Enfin, à quatre heures, nous sommes à Winnipeg, grande ville toute neuve, mais déjà importante. Les tramways électriques sillonnent la grande rue que nous coupons perpendiculairement. Ils traversent les voies du chemin de fer, car, là aussi, pas de barrières. Et des bicyclettes, ce qu'il y en a ! des hommes et des femmes en quantité qui attendent que le train soit passé pour traverser. Je prends un cliché photographique et je vais à l'Agence qui est dans la gare, au deuxième. On me dit que ma place est retenue sur la *Navarre*; ce devait être la *Champagne*, mais, par suite d'un accident qui lui est survenu, c'est la *Navarre* qui marchera.

Je demande aussi à modifier mon itinéraire et à aller à Montréal avant d'aller à Toronto, ce qui sera plus pratique.

Nous repartons au bout d'une demi-heure et continuons à avancer vers des lieux plus civilisés. Ce qu'il y a de curieux dans ces villes nouvelles d'Amérique, c'est que tout est en bois. Cela pousse comme un champignon, une ville; mais on ne se donne pas grand mal pour les rues. Les maisons sont toutes en bois et, afin de ne pas être obligé de niveler les rues, on fait de chaque côté un trottoir en grosses planches, comme devant les baraques des foires, et allez-y! Par contre, le milieu de la rue est souvent une fondrière.

En sortant de Winnipeg, nous voyons quelques chantiers de bois, où il y a des piles de planches, de quoi construire plusieurs villes d'un coup.

Dimanche 22 mai.

Nous commençons à cotoyer les grands lacs, car nous avons dû passer à 2 heures du matin à Fort-William, d'où part le bateau qui traverse les lacs pour aller à Toronto. Là, l'enchantement des yeux recommence et fait oublier l'heure. Nous suivons la rive du lac, et souvent en avons un de chaque côté, et ces lacs sont remplis de petites îles couvertes de sapins verts et d'autres arbustes. On dirait des corbeilles de verdure énormes flottant sur les eaux.

Nous nous arrêtons à une petite ville au bord du lac et à proximité d'une petite île qui est reliée par des ponts flottants. Là encore, plusieurs grosses scieries mécaniques et des troncs d'arbres flottants dans le lac pour y tremper et maintenus par un entourage.

C'est délicieusement joli; de nombreux petits canots sont attachés au rivage, un petit vapeur est même en train de naviguer. On voudrait descendre et rester là, tellement c'est charmant.

La journée se passe à cotoyer encore le bord des lacs, et chaque fois qu'un village ou petite ville se trouve sur la rive, on voit de grandes quantités de ces troncs de sapins flotter en attendant d'être débités. Le soir, j'engage une conversation avec un Américain de Toronto, qui ne connaît pas un mot de français. J'arrive très bien à le comprendre et à me faire comprendre. C'est l'agent d'une grosse maison de commerce de Toronto. Il vend entre autres la bonneterie et voyage dans tout le Canada. C'est surtout l'article allemand qu'il vend, et tous les ans il va en Allemagne faire ses achats.

Il n'a jamais été en France, mais fait quelques affaires à Troyes ; je l'engage à venir, ce qu'il me promet ; il me donne aussi un renseignement et un nom d'hôtel à Niagara.

Lundi 23 mai.

Le matin, au déjeuner de neuf heures, ainsi que je le vois faire, je commence par des fraises à la crème. C'est froid, frais à la bouche et délicieux pour commencer le déjeuner ; après cela, le porridge, poisson, viande, etc. Nous arrivons à Carleton-jonction où je devais changer pour aller à Toronto, mais je reste. Les deux trains s'en vont, l'un dans un sens et l'autre dans l'autre, et nous échangeons des adieux et des saluts avec plusieurs voyageurs venant de Yokohama. Dans notre wagon, il y a aussi une petite pièce fermée contenant trois canapés, avec un petit cabinet de toilette et W. C. y attenant. Chaque wagon a un petit salon de ce genre, loué en général par une famille. La nuit, on y fait trois lits. Dans le nôtre est un Japonais avec sa femme et deux Japonaises, bonnes ou femmes de chambre, je pense.

Tous européanisés et laids dans leurs costumes, le Japonais est installé à New-York où il a un grand magasin. Il parle anglais et nous causons au fumoir où nous sommes souvent seuls. Il m'engage à aller le voir à New-York et je lui promets de le faire, si j'ai le temps. A quatre heures, nous arrivons à Ottawa, capitale du Canada, et nous apercevons de très beaux monuments. C'est une grande et belle ville. Là, je vais pour mettre une lettre à la boite et je m'adresse à un vieux facteur qui me répond en très bon français ; c'est évidemment sa langue maternelle. La famille A. descend, nous nous disons adieu. Nous traversons un immense pont sur le Saint-Laurent. Là encore, des quantités considérables de bois flottants. La vue de la ville, de ce pont, est magnifique. Bientôt après, le paysage a de grandes ressemblances avec le nôtre : des champs cultivés, des maisons dans le même genre et des enseignes françaises. X.. , bonnetier, voiturier, etc. Dieu ! le beau pays que nous avions là et que nous avons laisser aller. C'était bien plus près que Madagascar et il y avait des ressources. Il y a beaucoup de Français au Canada ; dans certaines rues de Montréal, où nous arrivons à 5 h. 1[2, on entend très bien parler français.

M. P… restant à Montréal jusqu'à demain, au lieu d'aller de suite à Québec, je vais à son hôtel, Windsor-Hôtel, près de la gare. C'est le premier hôtel de Montréal. Au rez-de-chaussée, un hall immense avec le bureau de l'hôtel, un autre bureau pour pouvoir prendre son billét de chemin de fer ou de bateau pour n'importe quel point du globe. A côté un marchand de curiosités et un libraire. L'entrée d'un coiffeur et d'un tailleur sont également dans ce hall sur lequel ouvrent encore deux salons de lecture et d'écriture spécialement à l'usage des voyageurs de l'hôtel, Il y a encore un lavatory où on a eau, savons, brosses, peignes et serviettes et à côté un cireur. Le hall est ouvert à tous ; des fauteuils en cuir sont disposés ça et là et c'est une animation perpétuelle ; il y a encore dans le hall un bureau télégraphique et une agence de voitures pour excursions et courses.

Dans un coin, une sorte de fontaine Wallace où chacun va de temps en temps boire une ou deux gorgées d'eau dans le gobelet attaché à la fontaine.

Nous montons à nos chambres par un

ascenseur. Large lit, fauteuils et, attenant, une petite salle de bain avec robinets d'eau chaude et froide pour pouvoir prendre un bain à toute heure.

Nous allons ensuite faire un tour avant dîner.

La rue Sainte-Catherine est la principale rue commerçante : de très beaux et vastes magasins la bordent, avec des étalages très bien disposés. Je vois des masses de bonneterie, des chaussettes écossaises comme celles que nous faisons; mais tout cela vient d'Allemagne.

Le soir nous allons dans une espèce de concert voir le célèbre boxeur Fitz-Simmons, le champion des champions. Son portrait, en grandeur plus que naturelle, couvre tous les murs.

Il est représenté en tenue de soirée, habit, gilet ouvert, pardessus sur le bras, car c'est avant tout un gentleman. Il loge au même hôtel que nous, et excite la curiosité de tous.

Il a, du reste, pour cela, un énorme chien noir avec une cravate de soie rouge autour du cou. Il joue de temps en temps avec son chien dans le hall de l'hôtel et tout le monde fait cercle autour de lui. Le plus épatant, c'est qu'il ne se bat plus : il s'excrime simplement avec une balle de foot-ball pendue au plafond et ensuite il fait quelques passes de boxe avec un de ses élèves.

Ce que j'ai vu de plus étonnant dans ce spectacle, c'est une femme qui joue du xylophone, du métallophone, des colliers de grelots et des cloches d'une façon merveilleuse.

Mardi 24 mai.

Birth day (jour de naissance de la reine d'Angleterre). Grande fête en Angleterre et dans toutes les colonies anglaises. Revue des troupes, etc.... Le matin, pluie diluvienne, enfin vers dix heures, je sors et vais pour voir le M. pour lequel M. V. m'a donné un mot, mais il a déménagé et je ne puis savoir où il reste. Je reviens à l'hôtel et rencontre juste le défilé des troupes anglaises. Je me trouve, sans le chercher, à côté du commandant d'armes à cheval avec sa suite, et devant lui défilent toutes les troupes. Il y a aumoins trois ou quatre musiques militaires et toutes sortes de costumes anglais et irlandais, c'est très curieux ! Je rentre à l'hôtel déjeuner avec M. P. qui prend le train de deux heures pour Montréal, je fais encore une tentative pour rencontrer le monsieur, dont j'ai pu avoir la nouvelle adresse, mais personne, tout le monde est sorti, les magasins sont fermés.

Vers 5 heures, de nouveau la pluie

.tombe à torrents. Comme je suis un peu crotté, je me fais cirer par le bonhomme de l'hôtel et crois être très généreux en lui donnant une pièce de cinq sous, mais il me réclame cinq autres sous. C'est un peu cher dix sous pour cirer une paire de chaussures. C'est le tarif, et tout est un peu en proportion par ici.

A 9 heures du soir, je prends le train et fais faire mon lit presque de suite, après cependant celui de deux dames qui sont dans le compartiment ; je me couche et dors profondément jusqu'à 6 heures du matin où le porter me réveille. Je fais ma toiletter au lavabo et à 7 heures nous arrivons à Toronto.

Mercredi 25 mai.

A l'hôtel Queen's Hôtel, vers 8 heures, je déjeune et vais me promener par la ville. C'est l'heure où on se rend à son travail et, là aussi, on ne voit que des bicyclettes. Certainement tous ces employés des deux sexes ont leur bicyclette pour aller à leur travail. Je compte 8 ou 10 jeunes femmes à bicyclette presque à la file et seules.

Je fais aussi une promenade dans le tramway électrique. La ville est très étendue et très belle ; de superbes magasins partout. Je vois en passant un énorme massif de bâtiments en construction. Ce sont les bâtiments municipaux qui formeront un carré colossal.

Je vais aussi au bureau de l'Agence du C. P. R. pour faire régulariser mon billet et, à une heure, je prends le bateau *La Chicora* pour Louisville, en traversant le lac Ontario. Sur ce bateau, je retrouve deux voyageurs qui étaient avec nous sur l'*Impress*; l'un parle un peu français. Ils font la traversée des lacs sans aller à Montréal.

Ils vont aux chutes, mais ont un billet pour Queenstown, sur la rive canadienne. Ils sont même surpris de voir que mon billet me donne droit à aller à Niagara. La traversée du lac se passe sans incident et dure trois heures. Arrivés au bord de l'embouchure du Niagara-River, nous abordons à une première station ; ensuite plus loin à Queenstown où mes deux Anglais descendent pour monter dans un petit train électrique qui suit la rivière jusqu'aux chutes.

Le bateau gagne ensuite l'autre rive pour aborder à Louistown où je descends. Le train et un tramway sont là tout prêts à partir ; mon billet me donne droit au train et j'y monte pour arriver à Niagara-Falls, vers cinq heures, après avoir dominé pendant un certain temps la rivière au-dessous des chutes. On voit même les restes d'un pont suspendu qui s'est écroulé en partie avec un certain nombre de personnes dessus.

Arrivé en gare je descends et m'oriente pour trouver l'Impérial-Hôtel qui est tout près. Je m'entends avec le manager pour une chambre avec le prix, etc... et je file de suite à la recherche des chutes. Là vous êtes assaillis de gens qui veulent vous mener en voiture à des prix exhorbitants, mais je suis prévenu et ne veux rien entendre. J'aperçois au bas de la grande rue des massifs de verdure et bientôt une espèce de vapeur blanche m'indique que je suis en bon chemin. J'entends aussi le grondement de l'eau et j'y arrive bientôt.

Je suis à côté de la chute américaine qui a 167 pieds de hauteur et 1.060 de large; cependant, comme je me trouve à la hauteur de l'eau qui tombe, le premier effet n'est pas complet ; un peu plus bas se trouve un pont suspendu qu'on termine. Je vais le traverser (10 sous, 15 sous aller et retour). De là, je vois l'ensemble des deux chutes et c'est vraiment un grandiose spectacle ; le pont lui-même où je suis est incroyable. C'était un pont suspendu, mais sans doute à la suite de l'accident survenu à l'autre, on le remplace par un pont en fer d'une seule arche. Il a 1.268 pieds de long et 196 pieds de haut en son milieu. Il n'y a pas encore de garde-fous ; la moitié seulement du pont est couverte de planches clouées à la hâte, malgré cela, déjà tout le monde y passe, piétons, bicyclistes, voitures, camions. Et ces ouvriers qui travaillent au-dessus d'un tel vide, il faut vraiment qu'ils aient la tête solide pour ne pas être pris de vertige. Comme il est sept heures passées, je rentre dîner. Après quoi, je retourne voir le coup d'œil de nuit. Près des chutes, un parc ouvert au public étend ses pelouses ombragées. C'est vraiment une délicieuse promenade sillonnée de couples à pied ou à bicyclette. Je remarque même un couple de nègres, très élégants et à bicyclette. Je fume plusieurs cigarettes en m'abimant dans la contemplation des chutes, appuyé à une balustrade. Ce grondement énorme, cette vapeur d'eau qui monte comme une fumée, tout cela vous saisit ; mais je finis par m'arracher à ce spectacle et je rentre à l'hôtel où un lit très confortable me donne un sommeil réparateur.

Jeudi 26 mai.

Sitôt levé, après avoir déjeuné, je prends ma canne et mon appareil photographique et je pars. L'un des gérants de l'hôtel a voulu, la veille, me mettre en

rapport avec un cocher-guide parlant le
français, je n'en ai pas voulu. Je sais
où aller et n'ai pas besoin de voiture
(pour trois dollars), d'autant plus que les
voitures n'étant pas admises partout il
faut en descendre à chaque instant pour
aller à pied aux endroits curieux. Je vais
directement au pont qui mène à Goat-Island ; c'est l'île qui sépare la chute américaine de la chute canadienne. Entre cette
île et la rive, il y a encore une petite île
Bath-Island, sur laquelle passe le pont. Je
prends le sentier à droite et arrive bientôt à un escalier qui vous mène à un
petit pont allant à Luna-Island, île qui
surplombe presque la chute américaine.

Ah ! ah ! c'est autre chose de là, cette
chute. Cela vous saisit tout d'un coup et
vous comprenez mieux l'énormité de la
masse qui s'écrase à vos pieds, là en bas,
profond !!!

En sortant de cette petite île de Luna, je
rentre dans Goat-Island et passe près
d'un pavillon d'où on descend sous la
chute. J'entre et demande à voir les caves,
ce qui n'est pas recommandé aux personnes nerveuses ou impressionnables.
On me fait entrer dans une petite chambre en me donnant un pantalon de laine,
une veste de laine, de grosses chaussettes de laine et des espèces de chaussons
en feutre. Je quitte tout ce que j'ai sur
moi pour enfiler ce costume sur lequel on

me met encore un pantalon en toile gom-
mée et une veste pareille avec capuchon.
Ainsi équipé, je trouve un guide sembla-
blement habillé, qui me fait descendre
environ 150 marches dans un petit escalier tournant dans une tourelle en bois.
Nous suivons ensuite le pied du rocher
jusqu'à côté du pied de la chute. Là, un
petit chemin en bois et en escaliers, descend encore 40 ou 50 marches en allant
en avant de la chute.

Ce chemin en bois s'appuie sur de gros
blocs de rochers qui sortent de l'eau
bouillonnante, l'un d'eux a même été
taillé et le chemin le traverse. On est
souffleté par l'eau volatilisée en tombant
et tout de suite tout mouillé, mais avec
le vêtement pas de danger. Nous arrivons alors au pied de la chute, mais quelques mètres en avant. En regardant le
haut, je vois deux ou trois personnes qui
sont appuyées à la balustrade de Luna-
Island et nous regardent. Dieu, qu'elles
sont petites! C'est de là que l'on se rend
compte de la masse d'eau qui tombe et
de son effroyable puissance. Si ce petit
pont de bois venait à casser, comme
nous serions entraînés, roulés dans ce
torrent qui bouillonne à nos pieds.

Nous continuons notre voyage et attei-
gnons l'autre rive de la chute sous laquelle nous allons passer. Par instants
nous sommes cinglés par l'eau que le

vent éparpille un peu partout en avant. Mais le petit pont, de la largeur d'une personne, a deux balustrades et on se cramponne des deux mains. Pour rentrer sous la masse d'eau tombante, nous en traversons un peu la rive et je sens l'eau me rentrer par le cou. Brou !... que c'est glacial !

Mais nous sommes en dessous de la chute ; nous respirons un instant en regardant à travers cette masse d'eau qui tombe devant nous, si près, au travers d'un nuage de vapeur d'eau. Nous descendons encore quelques marches et le pont cesse, soit qu'il ait été brisé ou qu'on n'ait pu le maintenir là ; le fait est qu'on se croirait au milieu et sous la chute tellement l'eau vous tombe dessus avec force.

Le guide m'a empoigné par la main et je m'y cramponne, aveuglé par l'eau, ne voyant plus clair, suffoqué par le froid de cette douche colossale. Trois ou quatre pas à faire, le nez collé contre le rocher, mais il n'en faudrait pas plus, et nous retrouvons l'autre bout de l'escalier auquel je me recramponne. On peut souffler un peu : c'est heureux, et je comprends cette fois que ce ne soit pas recommandé aux personnes nerveuses ; et pour les autres, toujours un guide par personne !

Je regarde encore cette énorme masse d'eau sous laquelle je viens de passer et nous remontons l'escalier de la tourelle.

Je me rhabille et continue ma promenade. La marche amène vite la réaction du froid causé par ia douche et j'arrive à l'autre extrémité de Goat Island, là où commence la chute canadienne.

Elle est beaucoup plus large que la première et forme en son milieu un angle presque droit. On l'appelle Horse shoe falls (chute du pied de cheval) à cause de sa forme. Elle a 3,070 pieds de contour et 158 pieds de haut. Un petit pont en bois vous mène presque au-dessus.

En contournant encore l'île Goat on arrive à un petit pont qui vous mène dans une des trois îles appelées Three Sisters (les trois sœurs). Toutes ces îles sont couvertes de grands arbres, et dans les petites, de petits ruisselets coulent à travers les rochers. Deux ou trois blocs s'avancent dans le courant, en amont des chutes, et en sautant de l'un à l'autre, on se trouve au milieu du courant. A ce moment, on se demande avec inquiétude ce qui arriverait si le bloc sur lequel on se trouve se détachait.

Je revois le monsieur que j'ai retrouvé sur le *Chicora*, je l'aide à sauter sur les blocs et lui raconte ma visite aux caves en lui conseillant d'y aller. Puis nous nous quittons. Je termine le tour de Goat Island et reviens dans le parc américain, puis je m'en vais retraverser « Suspension Bridge » qui est assez loin en-dessous des

chutes et m'avance sur le côté canadien ;
là aussi il y a un parc dans lequel j'entre. A chaque instant un petit kiosque
rustique avec bancs se trouve au bord
de la rive à pic, à 160 pieds de hauteur
au-dessus de l'eau ; je m'assieds plusieurs
fois et de là contemple tout l'ensemble
des deux chutes. Le soleil donne en ce
moment et produit de beaux arcs-en-ciel
dans la masse d'eau, c'est féérique. Un
petit vapeur s'avance jusqu'au milieu de
la chute canadienne ; il faudra que je le
prenne pour avoir cette dernière impression, mais ce sera pour tantôt ; il est près
de une heure, il faut aller tiffiner.

Je rentre à l'hôtel qui est assez loin, je
tire un peu la jambe, car je marche depuis
le matin, je me mets à table. Ce sont des
femmes qui servent à table et pour le
tiffin elles ont toutes des toilettes élégan-
tes en mousseline blanche, avec un tout
petit tablier de dentelle. C'est joli et frais,
on se croirait servi par des communiantes
et jolies avec cela. Chacune a sa bicyclette
pour rentrer chez elle le soir et venir à l'hôtel le matin où elles ne fond que le service du restaurant. Le soir elles sont en
noir, mais dans le jour le blanc fait un
très bel effet.

Aussitôt après le tiffin, je reprends ma
canne et repars. Je me repromène dans le
parc où dans beaucoup d'endroits sont
de petites fontaines avec un gobelet.

Dans toutes les îles, il y en a souvent,
et naturellement j'en goûte plusieurs fois,
car je commence à aimer l'eau pure. Dans
tous ces parcs et aux abords des chûtes,
pas de gêneurs, marchands de liquides,
solides ou curiosités. Rien, une fois là,
vous pouvez vous promener tranquille-
ment et à votre guise sans être ennuyé.
J'arrive au pavillon de l'Inclinated Railway qui vous mène au bord de l'eau.
Comme les deux bords sont à pic et ont
160 à 180 pieds de haut, on a creusé dans
le roc un tunnel qui va en s'inclinant au
bord de la rivière, un chemin de fer à
ficelle vous mène en bas et vous remonte
pour dix sous. Là est le petit bateau à
vapeur *Maid of the mist* à bord duquel
je monte avec plusieurs personnes ; on
nous donne de grands vêtements caout-
choutés avec capuchon que nous revêtons
tous et bientôt le petit vapeur part en se
dirigeant vers les chûtes. Nous allons
presque sous la chûte canadienne, nous
sommes entourés de vapeur d'eau, tout
bouillonne autour de nous, et le courant
nous ramène en arrière, trois fois le vapeur se relance pour arriver le plus près
possible, nous nous trouvons dans la
buée au point de croire que nous allons
être sous l'immense douche de la chûte
qui va nous écraser, mais le vapeur à
bout de force n'avance plus et finit par
reculer en nous laissant tout le loisir

d'admirer. On se trouve comme hypnotisé par cette masse tombante là devant soi.

Nous allons aussi passer devant la chûte américaine, puis allons aborder à la rive canadienne où se trouve le même railway incliné qu'en face, pour vous remonter en haut. Vous descendez là si vous voulez et vous vous promenez en attendant un autre voyage du bateau qui vous ramène à votre point de départ.

Cette fois, c'est bien fini, j'ai tout vu sous toutes les faces, de toutes les façons ; je les reverrais encore, mais je retourne à l'hôtel boucler mon sac, régler ma note et bientôt je prends le premier train pour Buffalo.

Là, un employé complaisant me mène au guichet où on prend son numéro de lit et le nom du sleeping-car. Il me garde mon sac pendant que je vais faire un tour en ville, car j'ai 40 minutes.

Ville américaine comme les autres, hautes maisons, beaux étalages. Je reviens, monte dans mon wagon à 6 heures, et, peu après, je me trouve installé dans le Dinning car. Après dîner, je vais au fumoir et engage une conversation avec un gros Américain que je comprends très bien. Puis je fais faire mon lit et je me couche.

Vendredi 27 Mai.

A 6 heures, je me réveille, me lève et vais faire ma toilette avant que la place ne soit prise ; puis, à 7 heures, nous arrivons à New-York. La veille au soir, à Albany, je crois, nous avons pris une douzaine de soldats qui vont prendre part à la guerre. Ils étaient accompagnés par plus de 3 000 personnes qui avaient envahi la gare, poussant des cris, sonnant du clairon, ayant des bouquets et tirant une espèce de canon ou de petit obusier qui part juste au moment où passe le dernier wagon sur la passerelle duquel j'étais placé. La commotion est si forte que je crois en voir 36 chandelles et en ai presque la figure brûlée. Sont-ils bêtes ces diables d'Américains avec leur guerre !

En arrivant à New-York, je revois les soldats à qui on a fait une si brillante conduite. Eux ne brillent guère !

Au sortir de la gare, je saute dans un cab qui me mène à l'hôtel Martin, hôtel tout à fait français qui ne paie pas de mine, mais est très soigné ; c'est là où on mange le mieux à New-York, mais il faut payer !

Ensuite, je me fais indiquer vaguement la poste, qui est très loin. On me conseille de prendre le tramway, mais je veux voir, en me promenant, les autres endroits on je dois aller, et, en effet, je les trouve sur mon chemin.

A la poste, immense bâtiment à guichets incalculables ; j'arrive enfin au bon et trouve quatre lettres, ce qui me fait grand plaisir ; je les lis séance tenante, puis vais voir M.J..., l'agent de MM..., pour lequel j'ai une lettre.

J'ai vu Broome-Street en venant, j'y retourne et vois la maison. M. J... est parti à Boston, mais on l'attend : je reste là un quart d'heure et le voici qui arrive. Nous faisons connaissance, il me fait visiter sa maison, m'emmène déjeuner et me donne rendez-vous pour le dîner. Je vais alors voir M. B..., l'Américain avec qui j'ai traversé le Japon. Le numéro qu'il m'a donné est celui des établissements d'électricité d'Edison. Je demande au concierge, c'est bien là. Je monte et m'informe près d'un jeune homme qui me dit que M. B... est à une réunion du conseil et ne peut se déranger. Il est l'administrateur-délégué de la Compagnie Edison. — « Passez-lui toujours ma carte ». Deux minutes après, on me fait monter à son bureau et lui-même vient bientôt.

— Je suis désolé d'être occupé en ce moment ; combien de temps restez-vous ?

« Jusqu'à demain matin. — Oh! et je suis pris ce soir. — Moi aussi ! » Alors pour que vous voyiez tout ce que vous pouvez voir en aussi peu de temps à New-York, je vais vous donner un de nos ingénieurs qui parle le français et il vous mènera. Là-dessus, coup de téléphone ; l'ingénieur arrive, M. B... lui explique tout ce qu'il doit faire, puis il tient à me faire voir lui-même la cuisine électrique de l'établissement, qui ne sert que pour le déjeuner mensuel des membres du conseil. Il me les montre en passant, réunis autour de la table des séances, puis me remet aux mains de son ingénieur, me dit adieu en me souhaitant bon retour.

L'ingénieur commence à me faire visiter l'établissement du haut en bas, c'est effrayant, tout marche à l'électricité, ascenseurs, etc... Puis nous sautons dans un train, allons traverser le pont de Brooklyn qui a près d'un kilomètre et supporte deux lignes de tram, deux lignes de railway et un large chemin de chaque côté pour voitures et piétons. C'est un pont entièrement suspendu. Nous revenons bien vite et allons visiter le Green Bruididg une des nouvelles maisons à seize étages ; six cents offices, bureaux, agences, etc., sont logés dans cet énorme bâtiment, cinq ou six ascenseurs sont là. L'un ne dessert que le cinquième étage, l'autre le septième et un seul dessert tous les étages. Nous montons voir le président de la société qui a bâti cette masse. Il nous mène au seizième étage et de là nous montons un escalier qui nous mène sur la terrasse. Une vue splendide s'offre à nous, l'entrée du port, les bateaux qui sillonnent, Brooklyn là-bas en face, en arrière c'est New-York avec de ci de là de ces énormes constructions qui émergent des autres maisons. On doit construire encore deux étages sur cette maison pour y installer un café-restaurant.

Cela semble fou au premier abord de penser qu'un monsieur qui veut manger un morceau va grimper 17 à 18 étages pour aller au restaurant. Mais quand on voit la rapidité avec laquelle l'homme qui fait marcher l'ascenseur charge et décharge du monde à chaque étage, cela ne semble plus rien de monter, l'ascenseur n'a pas l'air de faire des arrêts. Il n'a pas plus tôt stoppé une seconde qu'il est déjà à l'étage suivant. Au-dessous du sol, il y a encore un beau café et un 2e étage sous terre pour les cuisines. C'est effrayant. J'ai compté à certains de ces immenses bâtiments 22 fenêtres l'une au-dessus de l'autre et l'étage du rez-de-chaussée très élevé. Sortant de là, nous prenons le chemin de fer aérien qui passe au milieu des rues, mais à la hauteur d'un 1er étage. Nous allons au Parc central, qui est très loin d'où nous sommes, il nous faut bien une demi-heure de chemin de fer. Là, mon cicerone prend un cab et nous faisons le tour du Parc, genre du Bois de Boulogne : lac au milieu, statues, et surtout merveilleux gazons taillés ras, qui semblent des tapis de velours. Le cab nous ramène ensuite à l'exposition d'électricité qui va fermer dans deux jours.

Nous la parcourons un peu vivement, car il va être huit heures. Mon temps a été bien employé : je saute à nouveau dans un train, dis adieu et merci à mon obligeant cicerone et retrouve M. J..., qui me croyait perdu. Je lui raconte ce que j'ai vu et il ne peut s'empêcher de me féliciter d'avoir, en aussi peu de temps, pu voir tant de choses. Pour mettre le comble à mon ébahissement, il m'emmène dîner au Club-Athletic, dont il fait partie. Nous entrons dans un immense hall, où se trouve vestiaire, lavatory, salle de lecture, ascenseurs. Nous montons ensuite au premier qui contient une série de salles très belles disposées comme nos cafés. Une double porte ouverte nous fait entrer sur une galerie et en me penchant, je vois à l'étage au-dessous une immense piscine d'eau chaude. La piscine a bien 5 mètres de large sur 12 de long et l'eau est si claire qu'on en voit le fond. Nous reprenons l'ascenseur et montons au dernier étage où se trouve un gymnase très complet. Dans une extrémité, deux messieurs jouent au tennis

avec une balle et la main en guise de raquette. Dans un coin, deux home-trai-
ning. Je monte sur l'un et fais un kilomètre sur cette bicyclette qui n'avance
pas. Tout autour de la vaste salle, des ap-
pareils pour s'exercer les bras et les jambes
dans le sens que l'on désire : barres pa-
rallèles, cheval de bois, trapèzes volants,
etc., etc. A l'étage au-dessous, c'est la
salle de restaurant, où nous faisons un
très bon dîner, admirablement servi.
Puis le verre de liqueur pris, nous restons à causer avec un autre français
et je regagne l'hôtel, presque abruti
par tout ce que j'ai vu et entendu en
aussi peu de temps. Mon lit est le bien-
venu et, malgré le bruit du dessous, je
m'endors bien vite d'un sommeil de
plomb.

Samedi 28 mai.

Le lendemain matin, nous partons vers
huit heures en omnibus pour le quai d'em-
barquement. Je trouve là ma valise que
j'ai expédiée de Vancouver. J'avais encore
peur pour elle. Je la fais monter à bord
de la *Navarre* et j'y monte moi-même.
Beaucoup de monde à bord, mais bien
peu resteront en raison de la guerre. A
dix heures la cloche sonne, nous partons
et constatons bientôt que nous sommes

45 passagers de première dans un bateau qui est fait pour en contenir 150 et qui est toujours rempli à cette époque de l'année.

Je vois à bord M. D… à qui M. J .. m'a présenté et nous nous trouvons quatre à une table où nous nous lions bien vite. Ça n'est pas gai de n'être pas plus nombreux ; aussi nous restons ie plus possible au fumoir à faire des parties de jacquet, d'écarté, de manille, etc. Le temps passe avec peine, on pense au retour prochain, on ne cherche pas trop à se lier comme lorsqu'on part vers l'inconnu. De là plus de froideur. En outre, nous traversons pendant plusieurs jours des brouillards si épais qu'on ne voit pas les extrémités du bateau, alors de minute en minute, la sirène fait entendre son appel si impressionnant « hou… hou… hou… hou !!! » c'est lugubre, surtout la nuit.

La mer est belle cependant, deux jours à peine de mauvais temps et nous arrivons le dimanche seulement en vue de la pointe anglaise. A une heure ou deux du matin, nous serons en vue du Havre.

Lundi 6 Juin.

Le branle-bas commence dès 3 heures du matin, aussi, faut-il se lever et fermer sa valise. Ce n'est que vers 8 heures qu'un petit vapeur vient nous chercher, car nous ne pouvons entrer au port à cause de la marée.

Je me mets sur l'avant du bateau et ouvre mes yeux tout grands pour chercher à reconnaître un visage ami parmi les gens qui sont le long de la jetée que nous cotoyons. Enfin, nous arrivons au ponton où l'on accoste, et je reconnais, parmi les attendants, ma chère petite femme! Les mouchoirs vont leur train, mais leurs oscillations sont vives et gaies, et bientôt nous tombons aux bras l'un de l'autre et le plaisir de se retrouver après une si longue séparation est si intense que je renonce à le décrire.

Mais j'engage vivement tous mes amis qui voudraient s'en rendre compte à faire comme moi, et la seule crainte que j'éprouverais en les voyant suivre mon exemple, serait de les voir revenir avec l'idée de recommencer. Ce que j'espère bien faire moi-même un jour ou l'autre.

FIN

Imp. G. ARBOUIN, 126, rue Thiers, Troyes

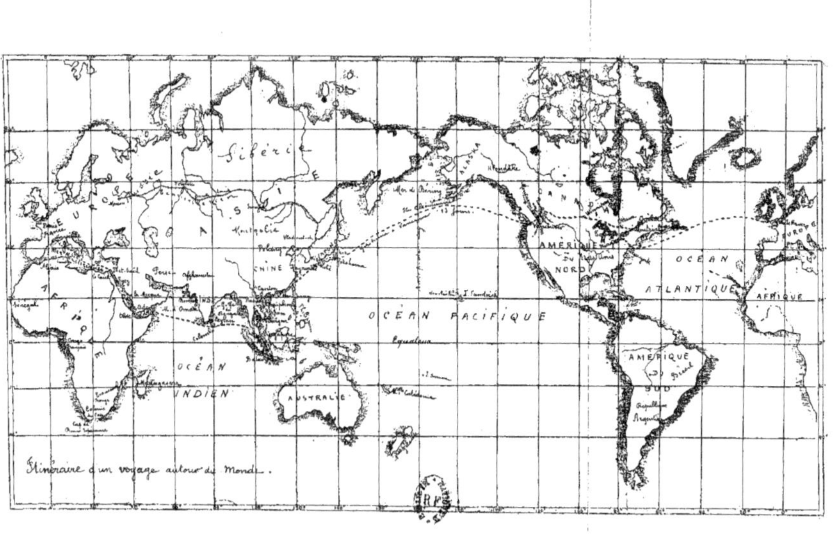

Itinéraire d'un voyage autour du Monde.